Placart

de

Philippe IIII,

Sur le réglement des Monnaies dans les Comté de Flandre
& Duché de Brabant.

Anvers.

1633.

Le florin vaut 20 patards
Le patard . 12 deniers, ou 4 liards, ou 8 gigots.
Le denier 4 monnaie flamande.

Le marc Brabançon est de 21 grains plus fort que le marc français.

Le marc Brabançon vaut en Grammes 245, 868.
L'once (8ᵉ de marc) . . . . 30, 7335.
L'esterlin (20ᵉ l'once) . . . . 1, 536675.
L'as ou grain (32ᵉ l'esterlin) . . . . . 0, 048021.

En 1633, le marc d'or fin valait en France . 278ˡ 6ˢ 5ᵈ. ✕
          le marc d'argt fin . . . . 20 . 5 . 4. ✚

Le marc Brabançon d'or fin valait au tarif de France 280ˡ 5ˢ.
L'once . . . . 35 . c . 7ᵈ ½
L'Esterlin . . . . 1 . 1ſ . 0 . 3ᵖ.
L'as . . . . 0 . 1 . 1 . ³⁵⁄₂₅₆ . ou ¹⁄₇
Le marc Brabançon d'argt fin valait au tarif de France 20 . 7 . 2 . 1⁸⁄₉
L'once . . . . 2 . 10 . 10 . ⁵⁄₁₂ . ou ³⁄₄
L'Esterlin . . . . 0 . 2 . 6 . ¹³⁄₈₀ . ou ³⁄₅
L'as . . . . 0 . 0 . 0 . $\frac{2453}{2560}$. ou ¹⁵⁄₁₆.

1 Esterlin d'or fin valait dans le Brabant approxᵗ 34 patars, 8 ....
1 As d'or fin . . . . 1 . 1.
1 Esterlin d'argent fin 3
8 as 9
1 as . . . . 1 ¹⁄₉.

✕ Tarif de 7ᵇʳᵉ 1602.
✚ Tarif de févr. 1615.

Table des Espèces figurées.

PLACCART DV ROY

Sur le reglement general de ses Monnoyes.

A ANVERS,

Chez Hierosme Verduffen, Imprimeur des Monnoyes de sa
Maiesté, demeurant en la rue dicte Cammerstrate,
à l'Enseigne du Lion rouge, 1633.

Auec Grace & Priuilege.

PLACCART GENERAL
des Monnoyes.

HILIPPE par la grace de
Dieu, Roy de Castille, de
Leon, d'Arragō, des deux Si-
ciles, de Ierusalem, de Portugal, de Nauarre, de Grenade,
de Tolede, de Valence, de
Gallice, des Maiorcques, de
Seuille, de Sardaigne, de Cor-
dube, de Corsicque, de Murcie, de Iaen, des Algar-
bes, de Algezire, de Gibraltar, des Isles de Canarie,
& des Indes tant Orientales qu'Occidentales,
des Isles & terre ferme de la Mer Oceane, Archi-
duc d'Austrice, Duc de Bourgoigne, de Lothier,
de Brabant, de Lembourg, de Luxembourg, de
Geldres & de Milan, Comte de Habsbourg, de
Flandres, d'Arthois, de Bourgoigne, Palatin, de
Tirol, & de Haynnau, de Hollande, de Zelande,
de Namur, & de Zutphen, Prince de Svvaue, Marc-
quis du S. Empire de Rome, Seigneur de Frize, de
Salins, de Malines, des Cité, villes & pays d'Vtrecht,

A 2

d'over·

d'Over-yſſel & de Groeninge, & Dominateur en
Aſie & en Africque.

A TOVS ceulx qui ces preſentes verront, ſalut.
Combien que pour remedier au deſordre des
monnoyes qui depuis quelque temps eſt coulé &
a prins vogue en noz pays de pardeça, nous ayons
faict faire tous debuoirs que l'õ a eſtimé y pouuoir
ſeruir, & ce par Placcart nouueau, republication
des precedẽs, & rencharges dõnées à noz Conſeilz,
Fiſcaulx, & aultres Officiers, & aux Magiſtratz des
villes, d'exactement executer & accomplir ce que
leur eſtoit ordonné par leſdicts Placcartz, voires
meſmes par enuoy eſdictes villes de Commiſſaires
par nous pour ce eſpecialement deputez; neantmoins l'auarice & les ruſes des marchands, tirans
gaing dudict deſordre à la ruine de noz bons ſubiectz, la cõniuẽce deſdicts Magiſtratz, & le manc-
quemẽt des Officiers de faire leur debuoir ont eſté
telz, qu'auecq meſpris de noz ordonnances & cõ-
mandements, non ſeulement le dict remede n'eſt
enſuiuy, ains eſt ledict deſordre accreu & paruenu
à telle extremité, que ceulx meſmes qui ont em-
peſché le dict remede, recognoiſſent preſentement
qu'a faulte d'y pourueoir prõptemẽt, les choſes ſõt
proches de derniere confuſiõ, à la ruine entiere du
trafficq & de tout aultre commerce, auecq intereſt
&

& dõmage incroyable de nous & de noz bõs fubiectz. A quoy voulans pourueoir, apres auoir faict
examiner noz Placcartz precedens & ceulx de noz
predeceffeurs fur le faict des monnoyes par ceulx
de noz Confeils d'Eftat, priué & des finances, à
l'interuention des Maiftres Generaux de noz monnoyes, & entendu leurs aduis. Nous, à la delibe-
ration de noftre trefchiere & trefaimée bõne tante
Madame ISABEL CLARA EVGE-
NIA par la grace de Dieu Infante d'Efpaigne,&c.
auons, en refumant & incorporãt en ceftuy noftre
Placcart, ce que des precedens entendons fe debuoir obferuer, ftatué & ordonné, ftatuons &
ordonnons ce que s'enfuit.

Premierement que les efpeces d'or & d'argent
auront cours felon qu'elles ont efté eualuées par
noz Placcarts precedens, affcauoir:

LEs doubles Souuerains d'or, tant à noz coings & armes,
   que des Serenifs. Archiducqz noz predeceffeurs, pefans
   fept eftrelins & huict aes, à   douze florins.
Le Lyon d'or, ou fingle Souuerain à nozdicts coings & armes,
   pefant trois eftrelins & vingt aes, a   fix florins.
Le fingle Souuerain d'or defdicts Archiducqz, pefant trois e-
   ftrelins, vnze aes & trois quartz, a   fix florins.
Le double tiers dudict Souuerain, pefant deux eftrelins, huict
   aes & vng quart. a   quatre florins.
Le demy Souuerain defdicts Archiducqz, pefant vng eftrelin
   & vingtefix aes a   trois florins.
Les Efcuz d'or à noz coings & armes, & defdicts Archi-

ducqz, pesants deux estrelins, sept aes & demy, a trois florins douze pattars.
Les doubles Ducats desdicts Archiducqz, & ceux d'Espaigne,
pesans quatre estrelins, dix-huict aes & vng quart, a huict
florins & deux pattars.
Les singles & quadruples de poids & pris a l'aduenant.
Les doubles Albertins de pardeça, pesans trois estrelins, vnze
aes & trois quarts, a cincq florins huict pattars.
Les singles Albertins, pesans vng estrelin vingteneuf aes, a
cincquantequatre pattars.
Les Reaux d'or de pardeça, pesans trois estrelins, quinze aes &
vng quart, a six florins deux pattars.
Les demy Reauxs d'or de pardeça, pesans deux estrelins &
neuf aes, a trois florins vng pattar.
Les florins Carolus d'or de pardeça, pesans vng estrelin &
vingteneuf aes, a quarante pattars.

Les vieux Escuz d'or de pardeça, ensemble les Escuz de France,
pesans deux estrelins, & sept aes tresbuchant, a trois florins & quatorze pattars.
Les demys a l'aduenant.

Les Florins S. André, pesans deux estrelins, quatre aes & de-
my, a cincquantehuict pattars.
Les demys de poids & pris a l'advenant.
Les Florins Philippus de pardeça, pesans deux estrelins & cincq
aes, a quaranteneuf pattars & demy.
Les demyz de poids & pris a l'advenant.
Les Thoisons d'or de pardeça, pesans deux estrel. trente aes,
a cincq florins vng pattar & demy.
Les Rydres de Bourgoigne, forgez pardeça, pesans deux estre-
lins & neuf aes, a trois florins & dixneuf pattars.
Les vieux Lyons d'or de pardeça, pesans deux estrelins vingte-
deux aes & trois quarts, a quatre florins dix pattars.
Les vieux Nobles de Flandres, pesans quatre estrelins, quatorze aes & vng quart, a sept florins sept pattars & demy.

Le

Les demyz & quarts de poids & pris a l'advenant.

Le Schurquin forgé pardeça , pesant deux estrelins & six aes,
à trois florins douze pattars & demy.

Les grands Reaux d'Austrice forgéz pardeça, pesás neuf estrelins, vingtedeux aes , & vng quart, a seize florins & seize
pattars.

Les demys & quarts de poids & pris a l'advenant.

Les Pistoletz d'Espaigne, pesant deux estrelins & sept aes tresbuchant,a trois florins douze pattars & demy.

Les doubles & quadruples de poids & prix a l'advenant.

Les Millerez de Portugal pesans cincq estrelins, a huict florins & quatre pattars.   Portugal.

Les demyz de poids & pris a l'advenant.

Les doubles cincquiesmes desdicts Millerez, appellez petits
Crusarts de Portugal , pesans deux estrelins tresbuchant, a
trois florins quatre pattars.

Les doubles & quadruples de poids & pris a l'advenant.

Les Escuz de Portugal,à la courte croix, pesans deux estrelins
& neuf aes tresbuchant, a trois florins quatorze pattars &
demy.

Les Escuz de Portugal à la longue croix , du mesme poids , a
trois florins treize pattars .

Les Nobles a la Rose d'Angleterre , pesans cincq estrelins, a
huict florins & seize pattars.   Angleterre.

Les demyz & quarts, de poids & pris a l'advenant.

Les Nobles d'Angleterre d'Henry , pesans quatre estrelins &
quatorze aes tresbuchant, a sept florins & seize pattars.

Les demys & quarts de poids & pris a l'advenant.

Les Angelotz d'Angleterre, pesans trois estrelins dix aes &
deux tiers,a cincq florins & dixsept pattars.

Les demys & quarts de poids & pris a l'advenant.

Les Angelots d'Angleterre aueeq vng O sur la naif , du mesme
poids,a cincq florins & douze pattars.

Les Iacobus d'Angleterre, pesans six estrelins & demy,a dix
flo-

florins doûze pattars.

Les demys & quartz de poids & pris a l'advenant.

Allemagne. Les Ducats d'Hongrie, Boheme, Poloigne, & aultres forgez en Allemaigne au pied de l'Empire, pesants deux estrelins, neuf aes tresbuchant, a quatre florins.

Les doubles de poids & pris a l'advenant

Italie. Les ducats d'Jtalie, pesans deux estrelins huiĉt aes, a trois florins dixhuiĉt pattars & demy.

Les doubles ducats d'Jtalie de poids & pris a l'advenant.

Les Escuz ou Pistoletz d'Jtalie, pesans deux estrelins & sept aes, a trois florins dix pattars.

Les doubles & quadruples de poids & pris a l'advenant.

Liege. l'Escu de Liege Ferdinandus, figuré cy apres, pesant deux estrelins six aes & vn tiers, a trois florins neuf pattars & demy.

Monnoye d'Argent.

LEs nouueaux Ducatons d'argent à noz coings & armes, & desdiĉts Serenissimes Archiducqz noz predecesseurs, pesants vingtevng estrelins & six aes tresbuchant, au remede de huiĉt aes par piece, a trois florins.

Les demy Ducatons, de poids & pris a l'advenant.

Les Souuerains d'argent diĉts Patagons, pareillement a noz coings & armes, & desdiĉts Archiducqz, pesants dixhuiĉt estrelins & douze aes, au remede de six aes par piece, a quarantehuiĉt pattars.

Les demyz & quartz de poids & pris a l'advenant.

Le Teston de Bourgoigne, pesant cincq estrelins quatorze aes a douze pattars.

Les pieces de six pattars forgées a noz coings & armes, & desdiĉtz Archiducqz, a six pattars.

Les pieces de trois pattars forgées pardeça, aux coings & armes desdiĉts Archiducqz, & nulz autres, a trois pattars.

Les pieces de quatre, deux & vng pattars, tant de l'ancienne que de la nouuelle fabrication de pardecha, comme aussi

les

les demy patars & Liarts d'argent, à leur pris accouftumé.
Les Philippus Daldres, pefants vingtedeux eftrelins treize aes,
    au remede de huiᛢt aes par piece, a   cincquantedeux pat.
Les demyz de poids & pris a l'advenant.
Les doubles Florins forgez pardeça, aux coings & armes def-
    diᛢts Archiducqz, pefants dixfept eftrelins vingteneuf aes
    & demy, au remede de fix aes, a   quarante & vng patars.
Les fingles Florins de poids & pris a l'advenant.
Les pieces de trois Reaux defdiᛢtz Archiducqz, pefans fix e-
    ftrelins, au remede de trois aes, a   quinze patars.
Les Reaux d'Efpaigne de huiᛢt, pefans dixfept eftrelins vingte-
    cinq aes, au remede de fix aes, a   quarantehuiᛢt patars.
Ceulx de quatre & de deux de poids & pris a l'advenant.
Les Reaux de Mexico & de Peru de huiᛢt , du mefme poids &
    audiᛢt remede, a   quarantfept patars.
Ceux de quatre & de deux de poids & pris a l'aduenant.
Et quand aux cincquiefmes, dixiefmes, vingtiefmes & quaran-
    tiefmes defdiᛢtz Philippus daldres , demys Florins , quarts,
    huiᛢtiefmes & feiziefmes d'jceulx , comme auffi les fingles
    Reaux & demys d'Efpaigne , auecq les Reaux, demys &
    quarts defdiᛢts Archiducqz, demeureront à leur pris accou-
    ftumé comme f'enfuyt.
Les cincquiefmes dudiᛢt Philippus Daldre , & lefdiᛢts demys
    Florins eftants de belle mife, pefants pour le moings quatre
    eftrelins, & quatre aes, a   dix patars.
Les dixiefmes dudiᛢt Philippus daldre , & quartz defdiᛢtz Flo-
    rins , pefants pour le moings deux eftrelins & deux aes , a
    cincq patars.
Les fingles Reaux defdiᛢts Archiducqz , & ceulx d'Efpaigne,
    avecq les vielles pieces de fix gros forgez pardeça , n'eftants
    de moindre poids que deux eftrelins, a   cincq patars.
Les demys Reaux d'Efpaigne, pefants vng eftrelin, a   deux pa-
    tars & demy.
Les vingtiefmes dudiᛢt Philippus Daldre, huiᛢtiefmes dudiᛢt
    Florin , & demys Reaux defdiᛢtz Archiducqz, & les vielles

B

pie-

pieces de trois gros, n'eſtans par trop vſez, a   deux patars
  & demy.
Les quarantieſmes dudiⓡ Philippus daldre , ſeizieſmes dudiⓡ
  Florin, & quartz deſdiⓡs Reaulx, a cincq liartz.
Le Florin Carolus , peſant quatorze eſtrelins & trente aes, au
  remede de ſix aes, a   trentequatre patars & demy.
Le Daldre à la Croix de Bourgoigne forgé pardeça, doiz l'an
  1567 n'eſtant contrefaⓡ, peſant dixneuf eſtrelins & vng aes,
  au remede de ſix aes, a   quarant.eſept patars.
Les demys & quartz de poids & pris a l'advenant.
Le Ducaton de Milan, peſant vingtevng eſtrelins , au remede
  de huiⓡ aes, a   cincquantecincq patars.
Les nouueaux Dalders de l'Electeur Ferdinand, Eueſque &
  Prince de Liege , &c. aſſcauoir ceulx dont les figures ſont
  miſes cy apres, & nulz aultres , peſants vnze eſtrelins trois
  aes & demy, au remede de quatre aes, a   vingtecincq pat.

Monnoye de Cuivre.

LEs Liartz & Gigotz forgéz pardeça, tant a noz coings & armes, que de noz predeceſſeurs , & les doubles & ſingles deniers a leur pris accouſtumé.

II.

LEtout au remede, quant aux pieces d'argent, comme
diⓡ eſt cy deſſus, & de deux aes ſur celles d'or : & au
cas qu'aulcunes deſdiⓡes eſpeces d'or ſe troũuaſſét plus
legieres que diⓡ eſt, ſe payera pour chaſcun aes defail-
lant, vn patar & demy, & ce tant ſeulement juſques
à ſix aes inclus, pour leſdiⓡes pieces d'or, tant ſimples,
que doubles.   III.

Declairant nõ allouables toutes leſdiⓡes pieces d'or
& d'argent eſtants de moindre poix, & en deſſoubz les
remedes cy deſſus accordées.

IV.

IV.

Si declairons billon toutes les efpeces d'or & d'argent eftant vifiblement roignées, lauées, rompues, bordées, foudées, clouées, ou autrement chargées. Comme aufsi toutes efpeces d'or & d'argent n'eftant fpecifiées & allouées cy deffus.

V.

Voulans & ordonnans que perfonne ne les pourra preféter, bailler ou recepuoir, à quelque pris que ce foit, ny celles permifes à plus hault pris qu'eft porté cy deffus, à paine de fourfaire les pieces que contre cefte ordonnance feront efcheillées ou prefentées, à la charge de celuy qui les aura efcheillé ou prefenté, ou la valeur d'icelles, au cas que le faiſt ne fut defcouuert à l'inftant : & que par deffus ce, tant celuy qui les aura efcheillé ou prefenté, que celuy qui les aura receu, feront pour la premiere fois condemnez au quadruple de la valeur de chafcune piece valiffante cincq pat. ou d'aduantage, & au regard de celles de moindre valeur que cincq patars, en l'amende de vingt patars pour chafcune piece : & au cas que ceulx qui feront attaints & conuaincuz des diſtes côtrauentions foyent marchans tenás boutticq;, ou vendás à detail ilz feront, par deffus la diſte fourfaiſture & amende, pour la premiere fois fufpenduz de leur trafficq, & fera leur boutticque fermée le temps de trois mois, & s'ilz font marchans negocians en gros, ou faſteurs, ilz feront contraints de s'abfenter de la ville de leur refidence le temps d'vn an, & pour la feconde fois, ilz feront, par deffus la diſte four-

faicture & amende, bannis des pays de noftre obeyffan-
ce le temps de cincq ans.

VI.

Entendant qu'aufdictes confifcations, fourfaictures
& amendes feront obligez, non feullemét ceulx qui per-
fonnellement auront faict la côtrauention, mais qu'vn
chafcun debura refpondre pour toute fa famille , le
pere & mere pour fes enfans, les maiftres & maiftreffes
pour leurs feruiteurs & feruantes , & outre ce feront i-
celles perfonnes, ayants commis la contrauention, puniz arbitrairement.

VII.

Aufsi noftre Pagador General , nos Recepueurs generaux & particuliers, Collecteurs, Fermiers, Admodia-
reurs, ceulx des Eftatz de nofdicts pays, Vaffaux, Villes,
Chaftellainies & Communautez feront refponfables
du faict de leurs Officiaux , Commis, Clercqs & Caf-
fiers, & tous marchans & negocians faifans trafficq en
gros ou en detail, du faict de leurs feruiteurs, cafsiers ou
aultres par eux employez, pour recepuoir ou faire quelque payemét: lefquelz Officiaulx, Clercqs, Cafsiers, feruiteurs ou autres entremis, pardeffus lefdictes amendes
pecuniaires, feront priuez de leurs entremifes , & con-
traincts de s' abfenter de la ville de leur refidence le
temps d'vn an.

VIII.

Et affin que tous noz fubiects & aultres fcachent &
entendent combien nous auons à cœur que ceftuy noftre Placcart foit obferué & inuiolablement entretenu,

nous

nous auons ordonné & ordonnons, que si aulcuns de
nostre hostel, ou de nostre dicte treschiere & tresaimée
bonne tante, seruiteurs, domesticques, pensionnaires ou
aulcun Officier de iustice ou de recepte, tant de nous, de
nostre exercito, ou admirauté, que des Estatz de nosdicts pays, Vassaux, Villes, Chastellainies & aultres
Communautez, ou aulcuns entretenuz, de quelque
qualité ou condition qu'ilz soient, se trouuent attaincts
& conuaincuz d'auoir contreuenu à nostre dicte ordonnance, soit en recepuant ou payant eulx mesmes, ou de leur sceu & consentement par leurs femmes, Commis, Clercqz, Cassiers, seruiteurs ou domesticques: ilz ne soyent pas seullement condemnez en la
confiscation & amende susdicte, mais aulsi priuez de
leurs estatz, pensions, entretenemens, magistratures &
offices, dont les auons des maintenant pour lors priuez,
& prinous par cestes, declairant leurs offices vacans &
impetrables, incontinent qu'il apparoistra de la dicte contrauention.

IX.

Si auons ordonné, & ordonnons bien expressement
à nos Recepueurs generaux & particuliers, & à ceulx desdicts Estatz, & de nos Vassaux, & à tous aultres qui
sont accoustuméz de payer les gages, pensions & entretenement desdits officiers, seruiteurs & autres entretenuz, que si leur appert qu'aulcun d'iceulx soit iudiciai-
rement chargé d'auoir contreuenu à ce que dessus, ilz
ayent à suspendre le payement desdicts gages, pensions
& entretenement, si long temps que lesdicts accusez se-

B 3   ront

ront *in reatu*, & jufques à ce qu'aultremét foit ordonné,
à paine que tout ce que lefdicts Recepueurs & aultres
auront ainfi payé, fera royé en la defpenfe de leur com-
pte : ordonnant à tous auditeurs d'iceulx comptes de
fuiuant ce fe reigler, à paine de s'en prendre à eulx mefmes.   X.

Et comme nous fommes informez que la licence
que l'on a prins d'expofer & efcheiller les pieces de fix &
de deux patars d'Hollande & aultres Prouinces rebelles,
douzains & pieches de trois blancqz de France, & aultres par nous deffenduz, au mefme pris qu'ilz ont cours
ès lieux d'où elles prouiennent, a caufé en partie le fur-
haulcement des patacons & aultres groffes efpeces d'or
& d'argent, & le tranfport d'icelles hors de ces pays,
nous, pour à ce pourueoir, auons ordőné & ordonnons,
que tous ceulx qui auront en leur poffeffion aulcunes
defdictes pieces, feront tenuz de s'en desfaire, endedens
vn mois apres la publication de cefte, & les liurer ou enuoyer en nos monnoyes, ou ès mains des changeurs fermentez, pour eftre cőuerties en efpeces de noftre coing&
de leal poids & alloy, & feront tenuz les maiftres particuliers d'icelles nos monnoyes & lefdicts changeurs
payer aux bonnes gens la iufte valeur, felon la lifte &
eualuation pour ce dreffée.

X I.

Et fi apres ledict terme d'vn mois on trouuoit en la
poffeffion d'aulcűs de nos fubiectz ou aultres aulcűnes
defdictes pieces defendues, icelles feront confifquées &
fourfaictes auec, l'amende du quadruple de la valeur.

X II.

XII.

Auons aufsi interdict & deffendu, interdifons & defendons bien expreffement à tous, tant eftrangers que
nos fubiectz, d'apporter dorefenauant en nofdicts pays
aulcunes defdictes pieces de fix, deux & vng patars des
Prouinces rebelles, douzains & trois blancqz de France, doublettes de cuiure, foit de France ou de la Princef-
fe de Conty, ou aulcunes aultres efpeces eftrangieres,
auec apparence d'en faire l'effeil, puifqu'elles ne poudront eftre deliurées en nos monnoyes qu'a grande
perte: à paine que celuy qui fera trouué d'auoir apporté ou fait apporter en quantité des pays voifins ou autres eftrangiers, telles efpeces de billon, ou d'en auoir
faict amas pardeçà, fera puny comme larron publicq.

XIII.

Et les chartiers, meffagiers ou aultres qui fciemét aurôt amené & faict entrer en nofdicts pays lefdictes efpeces, fourferont leurs cheuaulx, & chariotz, pardeffus
la paine arbitraire en la quelle ilz feront condemnez.

XIV.

Et fi lefdictes pieces font emballées ou pacquettées
auec quelques aultres marchandifes, icelles feront pa-
reillemét fourfaictes & confifquées, foit qu'elles appar-
tienent aux eftrangiers, ou à aulcuns de nos fubiectz.

XV.

Et pour tât mieulx defcouurir ceulx qui premiers auront amené ou faict apporter en quantité lefdictes pieces en nofdicts pays, tous ceulx foubz qui l'on aura
trouué aulcunes d'icelles, feront enquis & examinez
par

par ferment, de qui ilz les auront receu, & ainfi de perfonne en perfonne, jufques à celuy qui ne fcaura renfeigner & verifier perfonne en nofdicts pays, du quel il
les aura receu : lequel nous voulons eftre puni comme
premier autheur, ayát apporté lefdictes efpeces, ou aultrement à l'arbitraige du iuge, felon la circóftáce du delict : accordant que ceulx qui fans conftrainĉte auront
renfeigné & verifié leur autheur, feront quictes des paines & amendes par eulx encourues en ce fubiect.

<h2 style="text-align:center">XVI.</h2>

Quant à ceulx qui auront cognoiffance des perfonnes faifants entrer & diftribuer femblables efpeces de
billon en quantité, & ne l'auront denoncé, feront puniz
arbitrairemeat par banniffement , confifcation des
biens, ou d'autre paine plus griefue, ou moindre, felon
la circumftance du faict.

<h2 style="text-align:center">XVII.</h2>

Et pour efueiller les denonciateurs en ceft endroict,
leur auons accordé & accordons la moictie dudict billon, & de l'amende du quadruple.

<h2 style="text-align:center">XVIII.</h2>

Au regard des aultres efpeces declairées billon pro-
pres à liurer en nofdictes mónoyes, qu'aucús font venir
en quantité, pour eftre conuertiesen deniers de nos
coing & armes (ce que n'entendons empefcher) Nous
ordónons que ceulx, foyent noz fubiectz ou aultres, qui
defdicts pays voifins ou aultres eftrágiers feront audict
effect apporter pardeça telles efpeces & billon, feront
tenuz de donner à cognoiftre à l'officier de la premiere

vil-

ville d'entrée de noſdicts pays, le jour de l'arriuée dudict
billon, ou bien à ceulx de nos toulieux ou licentes audict
lieu d'arriuée, la qualité & quãtité dudict billon, & declairer en quelle de noſdictes mõnoyes ilz entendent l'enuoyer, & de ce prendre certification pertinente, au parauant
de le pouuoir deſcharger ou faire paſſer plus auant. Ou
bien ſi aulcuns pour quelque conſideration ne poudront
ou voudront faire telle declaration à ladicte ville d'entrée,
ilz ſeront obligez d'en faire aduertiſſement quinze jours
au parauant, tant au Magiſtrat de la ville de leur reſidence,
ou à leur Greffier, qu'au garde de la monnoye en la quelle
ils entendront liurer ledict billon, auec pareille declaratiõ
de la qualité & quantité d'iceluy: de quoy ceulx qui le ſerõt
venir, ſeront tenuz de prendre certification pertinente, à
paine de la perte deſdictes eſpeces & billõ, & du quadruple
de leur valeur.

XIX.

Si auons defendu & defendons à tous, de quelque qualité
ou condition qu'ilz ſoyent, nos ſubiectz ou aultres, de tranſporter ou tirer directement ou indirectement l'or ou l'argent de nos pays de pardeça, ſoit monnoyé ou non monnoyé, ouuré ou non ouuré, ſoit auſsi en maſſe, lingots ou billon, ſans auoir pour ce faire obtenu noſtre congé & permiſ-
ſion expreſſe, ſur paine de fourfaicture dudict or, argent &
billon, du double de leur valeur, & des marchandiſes eſquelles leſdicts or, argent, ou billon ſe trouueront enſemble-
ment enballéz, & des cheuaux & chariots de ceulx qui
ſciemment feront le port & voicture.

C

XX.

XX.

Declairant neantmoins que ceulx qui vouldront ſortir
de noſdicts pays, ſoyent nos ſubiectz ou eſtrangiers, & s’a-
cheminer ou retourner es pays voiſins, poudrót ſe pourueoir
& porter quant & eulx telle quantité des eſpeces d’or &
d’argent cy deſſus eualuées, que fera neceſſaire pour les frais
de leur voyage, ſelon la qualité de leurs perſonnes.

XXI.

Et quant à ceulx qui auront amené & vendu en noſdicts
pays viures, ou denrées de peu d’importance, leur permettons de pouuoir emporter de noſdicts pays l’argent en pro-
uenu, pourueu qu’à chaſque fois il n’excede la ſomme de
cincquante florins.

XXII.

Comme auſsi permettons à nos ſubiects allans achapter
es pays voiſins les viures & denrées dont ilz auront beſoing,
de pour ceſt effect y porter juſques à pareille ſomme de
cincquante flor. chaſcune fois.   Le tout ſans fraude & mal
engien.   ## XXIII.

Et ſi aulcun fut trouué & conuaincu d’auoir tranſporté
ou faict tranſporter de noſdicts pays aulcuns des deniers
par nous eualuez ou aultres declairez billon, ou quelque
matiere d’or ou d’argent, & les auoir liuré ou faict liurer es
monnoyes eſtrangieres; Nous voulons que contre telz ſoit
procedé rigoureuſement par aprehenſion de leurs perſonnes, & que pardeſſus la fourfaicture deſdictes eſpeces & matieres, & le quadruple de leur valeur, ilz ſoyent pour la premiere fois bannis cincq ans de noſdicts pays, & pour la
ſeconde fois punis par banniſſement perpetuel.

XXIV.

XXIV.

Et ceulx qui fciemment auront aydé à pacquer ou tranfporter lefdicts deniers & matieres, feront punis arbitrairement au corps, ou par banniffement, felon la qualité des perfonnes.

XXV.

Declairans, qu'encores qu'aucuns de nos fubicctz ou aultres ayans contreuenu à ce que deffus, n'auroyent efté defcouuertz au faict, que ce non obftant, apres qu'ilz auront efté conuaincuz de ladicte contrauention, fera procedé contre eulx par condemnation & execution de mefme paine & amende, bien entendu qu'au lieu de la fourfaicture defdicts deniers ou matieres, ilz feront condemnez d'en payer l'equiualent.

XXVI.

Et fi l'on ne fcauroit verifier precifément la qualité & quantité defdictes efpeces, billon, & matieres; Nous voulons que telz delinquans foyent puniz felon le merite des circonftances du faict, à la difcretion du iuge.

XXVII.

Ce que voulons auoir aufsi lieu au regard de ceulx qui feront conuaincuz d'auoir efcheillé, prefenté ou receu monnoyes defendues, ou à plus hault pris que ne porte la prefente ordonnance, encore qu'on ne fcauroit precifément verifier ladicte qualité & quantité.

XXVIII.

Ayans authorifé, & authorifons par ceftes, tous officiers de faifir & ouurir les pacquet, lettres & valizes des meffagiers ou aultres qu'ilz fcauront, ou y aura prefomption, faire les fufdicts apport ou tranfport defenduz, & ce en

C 2

pre-

presence de ceulx à qui lesdits pacquetz s'addresseront ou
appartiendront, s'ilz sont au lieu, & de quelqu'un du Magi-
strat dudict lieu , affin de scauoir le nom de celuy qui enuoye ou faict porter le dict or & argent, & nõ à aultre effect.

XXIX.

Et affin de pouruecoir à la perte que nos subiectz vien-
droyent à souffrir, si par mesgarde ilz recepuoyent aulcunes desdictes especes deffendues, ou bien celles permises à
plus hault pris qu'elles ne sont eualuées ; auons ordonné
aux Maistres Generaux de nos monnoyes de faire imprimer les figures de toutes les especes d'or & d'argent qui
sont eualuées, auec declaration de leur poids & pris, comme ausi de celles declairées billon , auec specification de
leur valeur intrinsecque , au plus prez du fin qu'elles tiennent , par marc, once , estrelin & grain.

XXX.

Si auons ordonné auxdicts Maistres Generaux de faire faire des poids requis, non seulement pour peser les especes d'or, mais ausi celles d'argent, affin que chascun puisse
scauoir quelles pieces aurõt leur iuste poids, au remede declairé par ce Placcart , & qu'elles feront trop legieres.

XXXI.

Ausi affin que nos bons subiectz puissent promte-
ment recepuoir la valeur des pieces d'or & d'argent defendues & declairées billon, ou non allouables, les dicts
Maistres Generaux de nos monnoyes feront mectre en
chascune bonne ville de nos pays changeurs sermentez,
pour recepuoir lesdictes pieces, & en payer le iuste pris, selon la liste que pour ce sera faicte, laquelle les dicts changeurs

geurs deburont expofer en leur bouticque à la veue d'vn
chafcun, & incontinent ſciſeler & tailler en deux leſdictes
pieces par eux changées, qu'ils deburont enuoyer en res
diƈtes monnoyes, à paine de confiſcation d'icelles & d'aultres portées en leur inſtruction.

XXXII.

Ordonnant aux Officiers & Magiſtrats deſdictes bonnes villes de denommer auxdicts Generaux ou à leur Commis, perſonnes idoines & deuement qualifiées pour exercer
le dict office de changeur, & en cas de difficulté leſdicts Magiſtratz ſeront tenuz d'y pourueoir.

XXXIII.

Et pour le ſoulagement deſdicts changeurs, & affin qu'ilz
puiſſent auoir promptement le retour de leurs deniers,
auons ordonné, & ordonnons, aux maiſtres particuliers des
monnoyes plus proches du lieu de leur reſidence, de payer
comptant auxdicts changeurs, le porté du billon qu'ils auront changé, & ce des deniers deſquelz leur comptoir doibt
eſtre furni. Ordonnant aux gardes & contregardes deſdictes
mōnoyes d'auoir eſgard qu'ainſi ſoit faict, à paine de deſin-
tereſſer le changeur, & de douze florins d'amende, tant à la
charge dudict maiſtre particulier, que deſdicts garde & có-
tregarde pour chaſcune fois qu'aduiendra le contraire.

XXXIV.

D'aduantage, encores que le droict & authorité d'ache-
ter billon & matiere d'or & d'argent appartient ſeulement à nous & à ceulx qui de noſtre part ſont à ce commis & authoriſez, neantmoins ſommes aduertiz & informez, que le ſurhaulcement de l'eualuation des eſpeces d'or

C 3.

&

& d'argent, eft en partie procedé de ce que les orpheures &
aultres fe font entremis de changer efpeces d'or & d'argent
à leur difcretion; à raifon de quoy auons defendu & defendons à tous orpheures & tous aultres, de quelle qualité ou
condition qu'ilz foyent, d'achapter en nofdicts pays aulcune matiere d'or ou d'argent, ou changer aulcunes efpeces
de monnoye declairée billon ou non allouable, fans eftre à
ce authorifez par commiſsion & inftruction defdicts Maiftres Generaux des monnoyes, & fur ce auoir faict le ferment pertinēt, à paine de cōfifcation des efpeces & matieres
ainfi changées ou achaptées, & du double de la valeur d'i-
celles pour la premiere fois, à prendre tant fur l'achapteur
que vendeur, & pour la feconde fois du quadruple & d'aultre correction arbitraire.

XXXV.

Saulf que lefdicts orpheures pourront achapter de la
vaiffelle rompue, & fe pourueoir de matiere propre pour
exercer leur meftier, des Maiftres particuliers de nofdictes
monnoyes ou defdicts changeurs, en conformité des ordonnances & inftructions faictes en ce regard.

XXXVI.

Et affin qu'vn chafcun puiffe cognoiftre que ceulx qui
exerceront ledict change, feront à ce commis par nous, leur
auons ordonné de mettre audeuant de leur porte vn plat
de bois painct auec nos armoiries & croix de Bourgoigne,
où fera efcript, Change du Roy, à la facon accouftumée:
defendans à tous aultres, de quelque qualité qu'ilz foyent,
d'vfer de pareil enfeigne, à paine de deux cent florins d'a-
mende pour chafcune fois.

XXXVII.

XXXVII.

Si ordonnons, que tous ceux qui feront trouuez auoir
contrefaict, forgé, preflé, ou iecté en fable aucunesmon-
noyes, de quelque coing, eftoffe, ou metail que ce puift e-
ftre, feront comme faulx monnoyeurs executez par le
chaudron en huille & eau bouillantes, auec confifcation
de tous leurs biens.   ## XXXVIII.

Et aduenant qu'aulcūs Maiftres particuliers de nofdictes
monnoyes empiraffent nos deniers d'or ou d'argent, ils
ferōt puniz en corps & en biens, felon le mesfaict: affcauoir
fi par mefgarde aulcun Maiftre eult excedé le remede accordé par fon inftruction, de demy grain d'or ou d'argent
fin en alloy, ou de demy eftrelin en poids, il payera le double de la valeur du dict exces: & fi l'exces eft d'vn grain audict alloy, ou d'vn eftrelin en poids, il payera le quadruple,
en la maniere declairée en fa dicte inftructiō: & s'il eult excedé de deux grains audict alloy, ou de deux eftrelins en
poids, malicieufement & à propos deliberé, il fera puni &
corrigé arbitrairement, foit au corps, par banniffement,
confifcation de biens, ou aultrement felon la circonftan-
ce du delict.

XXXIX.

Comme auffi feront les gardes, contregardes, affayeurs
particuliers, ouuriers, monnoyeurs, & aultres officiers &
fuppoftz de nofdictes monnoyes, qui fciemmēt aurōt aidé,
cooperé, ou confenti aux dictes frauldes & maluerfations.

XL.

Et fi l'exces fut de trois grains audict alloy, ou de trois e-
ftrelins en poids, telz maiftres, gardes, contregardes, affayeurs, ouuriers, mōnoyeurs, & aultres fuppoftz, qui fciemēt &
frau-

fraudeleufement l'auront commis, aydé, cooperé, ou
confenti audict delict, feront pareillement puniz & executez par ledict chaudron & confifcation de tous leurs biens.

XLI.

Declarans auffi faulx monnoyeurs & puniffables de
mefme paine ceulx qui auront contrefaict ou forgé aulcune monnoye à l'imitation de celles de nos coings & armes
ou aultres eualuées, oires que de differente infcription &
tiltre, comme les pieces de fix, trois & vng patars, & les
demyz forgées à la Tour à Glaire, Chatteau Regnault,
Rechem, & aultres lieux.

XLII.

Seront auffi puniz de mefme paine ceulx qui aurôt rongé les deniers d'or & d'argent de noftre forge, ou aultres
par nous permis, ou qui les auront laué d'eau forte ou ci-
ment, ou aultrement diminué de leur poids.

XLIII.

Et ceulx qui auront apporté, & faict entrer ou efcheiller
en nos dicts pays, femblable monnoye faulfe, contrefaicte
ou rongée, ou qui fciemment auront faict aulcuns inftru-
ments à ce feruans, feront punis arbitrairement, foit par
confifcation de corps & de biens, ou aultrement, felon les
circonftances du delict & l'exigence du cas.

XLIV.

Ceulx qui auront cognoiffance defdicts mefus & des delincquans fans les denôcer, en feront leur propre crime, &
comme telz feront auffi puniz arbitrairement par banniffement, confifcation de biens, ou d' autre paine plus
griefue ou moindre.

XLV.

XLV.

Si aulcuns s'aduanchét de foulder, border, dorer, clouer,
ou aultrement augmenter de poids aulcunes efpeces d'or
ou d'argent; Nous voulons qu'ilz foyent pilorifez. & bannis de nofdicts pays le temps de dix ans, ou aultrement punis à l'arbitrage du iuge.

XLVI.

Et pour defcouurir lefdicts faulx monnoyeurs & rongeurs, ou ceulx qui auront amené ou faict entrer en nofdicts pays lefdictes monnoyes faulfes, contrefaictes, rongées, lauées, ou aultrement diminuées; nous voulons que
ceulx qui auront efcheillé, ou foubz lefquelz l'on aura
trouué aulcune d'icelle monnoye, feront examin. z par
ferment par le iuge ou officier du lieu, de qui-ilz l'auront
receu,& ainfi de perfonne en perfonne, iufques à celuy qui
ne fcaura renfeigner perfonne en nofdicts pays de laquelle
il l'aura receu : voulans que tel foit puni comme premier
autheur ayant apporté, ou faict entrer en nofdicts pays la
dicte monnoye faulfe, contrefaicte, ou rongée : accordant
que ceulx qui fans conftraincte auront renfeigné & verifié
leur autheur, feront quictes & defchargez des paines &
amendes par eux encourues à cefte occafion, ne fuft qu'ilz
feroyent complices du crime.

XLVII.

Et pour animer vn chafcun à la recherche defdicts faulx
monnoyeurs & rongeurs, auons permis & permectons à
tous, foyent nos officiers ou aultres, de les faifir au corps,
& mectre es mains de iuftice ; promectant à celuy qui premier les denoncera & fera conuaincre, la fomme de mil

D

flo-

florins vne fois, à en eſtre payé par noſtre Recepueur General de nos finances , par deſſus aultre ſomme de cincq
cent florins,à prendre ſur leuis biens,& la part cy apres ac-
cordée au denonciateur : & ce non obſtant que tel denonciateur ſeroit complice,& auroit eſté employé pour diſtri-
buer, tranſporter , ou aultrement faire eſcheiller la dicte
monnoye faulſe, luy remectant en ce cas la paine par luy
encourue,moyennant que telle denonciation ſoit faicte au
parauant que le faict ſoit venu à la cognoiſſance de iuſtice.

XLVIII.

Et affin que nos ſubiectz ſoyent tant mieux informez
deſdictes monnoyes faulſes&côtrefaictes,ou d'aultre nouuelle, que cy apres pourroit eſtre miſe à pris contre ceſtuy
noſtre placcart; Nous auons ordonné & ordonnons aux
dicts Maiſtres Generaux de noz mönoyes,qu'incontinent
que ſera venu à leur cognoiſſance qu'aulcunes ſemblables
pieces auront aulcunemét prins cours parmy nos ſubiectz,
ilz facent grauer les figures , & les affiger aux portails des
egliſes, maiſons eſcheuinales , boucheries & aultres lieux
publicqs des villes & places où elles auront commencé à
prendre cours, auec declaration du pris qu'elles pourront
valoir,affin qu' vng chaſcun recognoiſſe la perte que ſe feroit en les recepuant: ordonnant auſſi à tous changeurs &
aultres qui premier les auroyent deſcouuert, & recouuré
aulcunes d'icelles pieces, de au ſuſdict effect les enuoyer
incontinent auxdicts Generaux.

XLIX.

Si interdiſons & defendons à toutes perſonnes d'achapter ou vendre aulcunes eſpeces de monnoye d'or ou d'ar-

gent

gent eualuées, tollerées, & mises à pris par cefte noftre ordonnance, auffi de les liurer ou faire liurer en nos monnoyes directement ou indirectement, ou de les faire fondre, ou deformer audict effect : comme auffi auons defendu & defendons aux Maiftres particuliers de nofdictes
monnoyes, enfemble aux changeurs, d'en recepuoir aulcunes pour les conuertir ou faire conuertir en autre efpece
de noftre coing, ne fut qu'elles fuffent rongées ou tellement legieres, qu'elles foyent tenues billon, ou non allouables : à paine de fourfaire lefdictes pieces, à la charge de
l'achapteur, & que tant celuy qui les aura vendu, fondu
ou deformé, que celuy qui les aura achapté ou receu, feront condemnez aux paines & amendes ordonnées contre
ceulx qui donnent ou recoipuent monnoye defendue, ou
pardeffus le pris de l'eualuation.

L.

Ordonnant que toutes fontes qui fe feront des matieres
ou billon pour deliurer en nofdictes monnoyes, fe deburont faire en icelles, à paine de confifcation defdictes matieres ou billõ, ou la valeur d'iceulx, & du quadruple d'icelle valeur, tant à la charge de celuy qui les aura faict fondre
aultrement que dict eft, que de celuy qui les aura fõdu, foit
orpheure ou aultre : lequel orpheure fera pardeffus ce de-
porté de fon ftil & meftier, fans iamais le pouuoir exercer.
Saulf que les chãgeurs fermentez pourront fondre ou faire
fondre par quelque orpheure du lieu (n'eftans iceulx changeurs du dict ftil) telle quãtité defdictes efpeces defendues,
qu'ilz auront receu, en exerçant ledict faict de change, &
les liurer ou enuoyer en nofdictes monnoyes, en tenant de

D 2

ce

ce regiſtre pertinent, ſuiuant le contenu de leur inſtructiõ.

LI.

N'entendans que leſdicts Maiſtres particuliers deſdictes monnoyes pourront recepuoir aulcuns lingots ou grenailles de perſonnes qu'ilz ne cognoiſſent, ou qui ſeroyent ſuſpectz d'auoir rongé, bicqueté, deforme ou fondu leſdictes eſpeces eualuées: à quoy les gardes & contregardes auront ſoing & eſgard, & deburont eſtre preſens à la reception deſdicts lingotz & grenailles.

LII.

Et ſi aulcun Maiſtre particulier de noz monnoyes ou changeur eut achapté, fondu, deformé, ou receu pour faire employer à la fabrication de noſtre monnoye, ou aultremét, aulcunes deſdictes eſpeces eualuées, ilz ſeront, par deſſus leſdictes fourfaictures, paines & amendes, priuez de leurs offices.

LIII.

Comme auſſi feront les gardes & contregardes, ayans permis ſemblable reception, fonte & deformation.

LIV.

Bien entendu que les dicts orpheures & les batteurs d'or pourront rompre, briſer, ou fondre les eſpeces d'or & d'argent, par nous permiſes, dont ilz auront beſoing pour employer en leurs ouurages, en faiſant auparauant aduertence au Doyen ou aultre chief dudict meſtier, enſemble du nom de celuy de qui leſdictes eſpeces auront eſté receues: lequel Doyen ou aultre chief dudict meſtier ſera obligé de tenir note deſdictes declarations, & les exhiber aux dicts Maiſtres Generaux de nos monnoyes, de demy an en demy

my

my an , à paine de par lesdicts orpheures payer la valeur
desdicts deniers par eulx ainsi brisez sans auoir faict ledict
aduertissement, & en oultre le quadruple d'iceulx ; & par
le dict Doyen ou chief, ayant obmis de tenir regiftre, payer
lá somme de cent florins pour chafcune obmiffion.

LV.

Si aulcun feroit conuaincu d'auoir bicqueté ou faict
bicqueter aulcunes defdictes efpeces eualuées, pour en tirer
les fortes à fon aduantage , & efcheiller les foibles à l'inte-
reft du publicq; Nous voulons que pardeffus lefdictes fourfaictures & amendes, il fera banni dix ans de nofdicts pays.

LVI.

Au cas qu'aulcuns defdicts Maiftres particuliers de nos
monnoyes ou changeurs feroyent conuaincuz du dict crime, ou d'auoir prefenté ou efcheillé , fait prefenter ou e-
fcheiller, aulcunes defdictes efpeces rongées, ou aultres defendues, apres les auoir receuz comme billon , ou non allouables, ilz feront bannis à toufiours de nofdicts pays, &
leurs biens confifquez.

LVII.

Et comme le pris des efpeces fe regle ordinairement felon le pris des matieres d'or & d'argent, auons auffi defendu, & defendons à vn chafcun , de quelle qualité ou condition qu'il foit, de vendre ou achapter aulcune matiere
d'or ou d'argér, ou efpeces tenues & reputées pour billon
ou non allouables, à plus hault pris que porte l'ordonnance de noz monnoyes; à paine de confifcation defdictes
matieres & efpeces , à la charge dudict achapteur , & du
double de la valeur , à prendre tant fur ledict achapteur,

D 3

que

que fur le vēdeur pour la premiere fois, & du quadruple,
pardeffus ladicte confifcation & fourfaicture, pour la feconde fois,& de correction arbitraire.

<h3 style="text-align:center">LVIII.</h3>

Si telle trafgreffion auroit efté commife par les Maiftres
de nos monnoyes ou changeurs,ilz feront pardeffus ce priuez de leurs offices pour la premiere fois, comme auffi feront les gardes & contregardes l'ayants toleré, fans le donner à cognoiftre aux Generaux de nofdictes monnoyes.

<h3 style="text-align:center">LIX.</h3>

Confentans neantmoins que les orpheures pourront
vendre leurs ouurages, & fe pouruoir de matiere appro-
priée aupied qu'ils doibuent garder, en conformité de
l'ordonnance & inftruction faicte ou à faire en ce regard.

<h3 style="text-align:center">LX.</h3>

Et côme nous fommes informez,que plufieurs changes,
marchez & côtractz ont efté faictz & paffez à condition
de recepuoir les fommes deues, côuenues,ou promifes, en
tout, ou en partie, en monnoye defendue, ou à plus hault
pris que porte noftre ordonnance (ce que l'on nomme argent courant) par où nos fubiectz font grandement inter-
effez,fignamment les neceffiteux ; Nous auons defendu &
defendons femblables changes, marchez & contracts,
declarans nulles & de nulle valeur toutes conftitutions de
rente, letres de change, obligations, & cedules procedan-
tes des fommes furnies en tout, ou en partie, en femblable
monnoye defendue, ou à plus hault pris que porte noftre
permiffion. & que perfonne ne pourra en vertu ou à tiltre
defdictes letres de change, cedules, contracts, ou obligations,rien demander en iugement, ou dehors.

LXI.

LXI.

Et celuy ayant receu ledict argent à pris courant, ne sera pas seulement deschargé de l'obligation de le rendre, mais aussi des paines & amendes par luy pour ce encourues, pourveu que ladicte exceptiõ soit proposée endedens deux ans apres la reception desdicts deniers, & qu'elle soit deuement verifiée ; demeurant celuy les ayant furni, submis & obligé aux paines & amendes ordonnées en ce regard.

LXII.

Quant à ceux qui auanceront argent au pris excedant l'eualuation de nos placcartz aux necessiteux, sur letres de change, ou aultre assignation, qui dedons certain temps se doibt payer selon l'eualuation de nosdicts placcartz, ou au regard de ceulx qui se meslerõt de furnir deniers au pris par nous ordonné, moyennant quelque gaing conuenu, ou bien receuront les grosses especes d'or & d'argent à plus hault pris qu'elles sont eualuées, en donnant au lieu d'icelles petite monnoye, à ceulx qui doibuent faire payement de leur deu aux recepueurs, collecteurs des maltotes, monts de pieté, & aultres qui ne recoipuent qu'argent eualué selon nosdicts placcartz : Nous, consideraus le grand preiudice que souffrent nosdicts subiectz par tel traficq illicite, & que par ce moyen s'introduict & accroist le desordre au faict de nosdictes monnoyes, voulons & ordonnons, que telz delincquans seront punis de banniffement de dix ans, par dessus les paines pecuniaires statuées cy dessus.

LXIII.

Si ordonnons, que les courtiers ayans aydé à conclure ou promouuoir semblable conuention, soit au regard

d'ar-

d’argent donné à change, à rente, ou ſur obligation, pour
payement de marchandiſe venduc, ou aultrement, ſeront
ſoitez publicquement, & bannis le diễt terme de dix ans de
noſdiễts pays.

LXIV.

Comme auſſi ſeront bannis pour lediễt terme , les notaires & aultres perſonnes publicques ayans ſtipulé, receu
& paſſé telz contracts & obligations.

LXV.

Ne fut que leſdiễts courtiers, notaires & perſonnes publicques viennent denoncer leſdiễts meſus, au parauant
que pour le ſubiect d’iceulx ſoit faicte quelque pourſuite iudiciaire, au quel cas grace leur ſera faicte, & ſeront
deſchargez deſdictes paines.

LXVI.

Et comme nous ſommes aduertis & deuement informez, que grande partie du deſordre qu’il y a au faict deſdicts placcartz, eſt procedé de ce que pluſieurs marchans
& facteurs refuſent d’achapter les ouurages & manufactures des artiſans & gens de meſtier, n’eſt qu’ilz reçoip-
uent l’or & l’argent à tel pris qu’ilz le veullent donner, ou
apres le marché faict, rendent les marchandiſes aux ven-
deurs, qui veullent eſtre payez au pris ſtatué par noſtre
dict placcart ; Nous voulons que contre telz oppreſſeurs
de la pauure commune ſoit procedé rigoureuſement par
empriſonnement de leurs perſonnes, & que leur proces
eſtant inſtruict ſommierement & criminelement , & ſe
trouuans conuaincuz de ce que deſſus, ilz ſoyent punis de
banniſſement perpetuel, & de confiſcation de biens, ou au
lieu

lieũ d'icelle, en groſſe amende pecuniaire, ſelon la grauité
du cas : deſquelles confiſcation & amende en accordons la
moitie au denontiateur.

LXVII.

Et comme nous ſommes auſſi informez, que pluſieurs
marchans & aultres, pour fraulder nos edictz, s'aduancét de
pourparler & conditionner en la vente de leur denrées &
marchandiſes, ou en aultres leurs traictez & conuentions,
que le payement ſe face en certaine eſpece d'or ou d'argét;
Nous auons declairé & declairons telles conuentions &
conditions n'eſtre vaillables , & que ce nonobſtant le de-
biteur pourra payer la valeur ou ſomme, à laquelle les eſpeces, es quelles il ſe ſeroit obligé, viennent à monter, au pris
de nos placcartz, en telle aultre eſpece d'or ou d'argent
eualuée que bon luy ſemblera.

LXVIII.

Et ſi aulcuns , apres auoir marchandé quelque choſe a
florins, liures ou aultres ſommes, preſentent, payent, ou re-
çoipuent, pour couurir leur contrauention, quelques eſpeces d'or ou d'argent, ſans exprimer le pris, leſquelles au pris
de nos placartz ne reuiennent à telle ſomme que porte
leur marché; Nous voulons que telles perſonnes ſoyent tenues & reputées d'auoir excedé le pris deſdictes eſpeces, &
comme telles punies des paines & amendes à ce ordónées.

LXIX.

Comme auſſi feront tous ceulx à qui feront offerts quelques deniers d'or ou d'argent à plus hault pris qu'il n'eſt
permis, & qui les auront receu ſoubz proteſtation ou declaration, que c'eſt au pris ſtatué par noſtre placart , &
qu'ilz donnent ou quictent le ſurplus.

C

LXI.

LXX.

Pareillement ſerót punis par leſdictes fourfaictures & a-
mendes, ceulx qui auront receu, baillé, ou preſenté aulcuns
deniers rongez ou declairez billon, ſoubz proteſtation ou
declaration que c'eſt pour les liurer en noſtre monnoye,
ou bien aux changeurs : ne fut que preſtement ils les auront ſciſaillé & deformé, faict ſciſailler ou deformer.

LXXI.

Et d'aultát que pluſieurs recepueurs, pour n'eſtre deſ-
couuertz d'auoir contreuenu à noſtre dicte ordōnance, ou
à fin de diſsimuler auec aulcuns, qu'ilz ſcauent les vou-
loir payer en mōnoye defendue, ou à plus hault pris qu'elle n'eſt eualuée, ne font ou reçoipuét eulx meſmes le payement, ains donnent des aſſignations ſur ceulx qui ſont re-
debuables à leur recepte, leſquelz plus licentieuſemét com-
mectét leſdicts abus ; Nous auons ordonné, & ordonnons
à tous leſdicts recepueurs, tant de nos Domaines que des E-
ſtatz, villes, & de nos ſubjectz, de faire & recepuoir eux
meſmes leſdicts payeméts, ou par leurs Commis, du faict
deſquelz ilz doibuent reſpondre, & non point par aſſignations : ne ſoit qu'icelles aſſignations ſoyent données
ſur aultres recepueurs, ayans pareil ſermét & obligation, à
paine de ſuſpenſion de leurs offices & adminiſtrations
pour trois ans, & d'aultre correction arbitraire.

LXXII.

Et pour empeſcher les cōtrauentiōs qui ſe commectent
conuertement par les marchans, facteurs & aultresacha-
ptás des cangás, bouraittes, draps, ſayes, toillettes, & aultres
manufactures & denrées ; Nous auons ordonné & ordonnons aux Magiſtrats de chaſcune ville, lieu & place de noſtre

ftre obeiſſance, où ſe faict ſemblable traficq , de faire
quelque reiglement particulier, tel que ſera trouué conuenir, affin que nos officiers ayent cognoiſſance de ce qui
ſe paſſe au payement deſdictes marchandiſes & denrées,&
puiſſent faire punir les abuz qui ſeront trouuez s'y commectre.

LXXIII.

d' Aduantage,pour ce qu'aulcuns Magiſtratz & Iuges des
villes & Prouinces de ces pays,ſoubz pretexte que par priuilege la confiſcation n'ya lieu, pretendent d'empeſcher la
fourfaicture commiſe des deniers, marchandiſes, cheuaux
& chariots ordonnée par nos placartz ; auons declairé, &
declairons par ceſte, que ledict priuilege de nó confiſquer,
n'empeſchera que ceulx conuaincuz d'auoir delincqué, ne
ſoyent conſtrainctz de payer l'equiualent des choſes fourfaictes, pardeſſus les amendes , ſelon qu'eſt porté par les
anciens placcartz.

LXXIV.

Eſtants informez, que ſoubs pretexte du haſard de par
ceulx contreuenants à nos placartz, d'eſtre attrappez , &
ſouffrir les paines y ſtatuées, pluſieurs ne font ſcrupul d'y
contreuenir ; Nous auons declairé & declairons, que ce
n'eſt point noſtre intention de par l'ordonnance deſdictes
paines, ny par le dangier d'y eſtre condemnez, deſcharger
nos ſubiectz ny aultres delincquans des obligations, que,
ceſſant icelle appoſition de paine , ilz ont d'obeir à noſtre
iuſte commandement, ains les charger & chaſtier d'aduantage,pour raiſon de leur deſobeiſſance.

LXXV.

D'auantage , en conformité de nos placartz précé-
E 2
dens,

dens, ordonnons que ceulx de nos Cõnseilz & Chambres
des Comptes, leurs Greffiers & aultres Officiers & sup-
poſtz, endedens huict iours apres la publication des preſentes, feront ſerment en forme deue, chaſcun es mains du
Chief, Preſident ou premier de ſon college, qu'ilz ne com-
pteront ou recepuront, & ne permecteront & neſouffrirõt
que leurs femmes ou domeſticques comptent ou reçoip-
uent les eſpeces d'or & d'argent permiſes par noſtre dict
placcart, à plus hault pris qu'elles ſont eualuées par icelluy.

LXXVI.

Le meſme ſerment feront es mains du principal cffi-
cier de toutes villes, bourgs & bourgades, les Recepueurs
de nos Domaines y reſidents, tous ceulx du Magiſtrat des
meſmes lieux, leurs Secretaires, Greffiers & Recepueurs, &
le rafraichiront à tous les renouuellemens des Magiſtrats
& loix, es mains de nos Commiſſaires, ou bien de noſtre
Officier principal du meſme lieu.

LXXVII.

Semblable ſerment feront pardeuant noſtre dict Officier & ceulx du Magiſtrat du lieu, tous Recepueurs des E-
ſtatz de noſdicts pays, & des Prelats, Egliſes, Chapitres
& Gentilhommes, leurs Commis & Clercqz, tous Notaires, Huiſſiers & Sergeans, Fermiers & Collecteurs des im-
poſtz, aſſizes, toulieux, & droictz ſemblables.

LXXVIII.

Auſſi tous marchans principaux & facteurs, Doyens,
Eſgards, & jurez des meſtiers de nos bonnes villes.

LXXIX.

LXXIX.

Si deburont faire semblable serment pardeuant le Sur-
intendant de la iustice militaire nostre Pagador general, &
ses Officiaux, Commis, Clercqs & Cassiers: & les Commis-
saires aux monstres & ammonitions, aussi le Prouee-dor
general aux viures, & ses Commis, es mains du President
du Conseil Priué.

LXXX.

Lesquels sermens seront enregistrez, auecq declaration
des iours, esquelz ilz auront esté prestez, à fin d'y auoir recours toutes & quantesfois que besoing sera.

LXXXI.

Le tout à la diligence de nos Fiscaux & Officiers des
lieux respectiuement, qui seront tenuz vng mois apres la
publication des presentes, aduertir nos Conseilz des debuoirs par eulx faicts en ce regard, & nosdicts Conseilz
nous en aduiser, ou ceulx de nostre dict Conseil Priué, en
dedens vng aultre mois ensuiuant.

LXXXII.

Et si aulcuns de ceulx cy dessus declairez font refuz de
prester ledict sermént; Nous voulons que ceulx qui seront
constituez en estatz, offices ou charges publicques, soyent
incontinent suspenduz de l'exercice d'icelles, & que les autres soyent à ce constraincts par fermeture de leurs bou-
ticques, suspension de leur trafficq, & de l'exercice de leur
mestier. Le tout non obstant appellation ou opposition
quelconque, & sans preiudice d'icelle.

E 3　　　LXXXIII.

LXXXIII.

Ordonnant en oultre, que ſi ceulx ayans faict ledict ſerment, ſont en apres conuaincuz d'auoir faict le contraire,ilz ne ſoyent point ſeulement punis des paines ſtatuées cy deſſus,mais auſsi du celle de pariure par eulx commis, & qu'ilz ne ſoyent plus choiſis pour eſtre du Magiſtrat & Loix deſdictes villes,bourgs & bourgades, & aultres offices de iuſtice.

LXXXIV.

Si auons ordonné & ordonnous à tous nos Officiers & Magiſtrats de tenir la main ſoigneuſe, à ce que ceſte preſente noſtre ordonnance ſoit obſeruée en tous ſes poincts & articles. Et s'ilz eſtoyent en ce defaillans, & que le deſordre au faict deſdictes monnoyes vint à ce poinct, que publicquement aux boucheries, marchez, & aultres lieux publicqs, l'on employa monnoye defendue, ou à pris plus hault que n'eſt ſtatué par ceſte noſtre ordonnance; en ce cas nous enuoyerons des Commiſſaires aux deſpens des villes & bourgades,eſquelz nous entendrons que leſdicts exces ſe commectrót,ou de ceulx eſtants en loy,en leur propre & priué nom, & auſſi de nos Officiers eſdicts lieux, ſelon que trouuerons l'affaire diſpoſé.

LXXXV.

Et affin de deſcouvrir leſdictes contrauentions, ordonnons que leſdicts officiers,leurs Lieutenans, & aulcuns du Magiſtrat feront les iours de foire ou marché, aſſiſtez de leurs ſergeants ou aultres officiers en nombre conuenable,des rondes & circuitz aux dicts marchez & à l'enuiró, & le meſme es boucheries, marchez aux poiſſons, & aultres lieux publicqz, où ſe faict prompte numeration dès deniers.

LXXXVI.

LXXXVI.

Authorifant lefdicts Officiers, leurs fergeans & aultres qu'ilz employeront pour defcouvrir & denoncer ceulx qui contreuiendront à noftre ordonnance , de faifir les efpeces declairées billon , & celles qu'ilz voyront eftre receues ou prefentées à plus hault pris qu'il n'eft permis; & auffi les perfonnes qui les auront receu , donné ou prefenté, fi icelles perfonnes ne font refidentes au mefme lieu.

LXXXVII.

Si permectons aux Maiftres Generaux de nos monnoyes de commectre en chafcune ville de nofdicts pays quelque perfonnage deuement qualifié, lequel aura & luy donnons pouuoir & authorité , de par preuention à tous nos officiers (mefmes ceulx qui tiennent en ferme les amendes dependentes de leur office) faire toutes calenges & pourfuites contre tous ceulx qu'ilz fcauront auoir contreuenu à noftre prefente ordonnance : & ce pardeuant le iuge, ou iuges qui de ce doibuent cognoiftre, non plus ny moins que pourroyent faire nofdicts Generaux des monnoyes & lefdicts Officiers des lieux. Entendant auffi, que ledict Commis iouiffe du tiers des amendes & confifcations attribuées à l'officier faifant la calenge & pourfuiuant l'execution , & que par tous Magiftrats & aultres iuges luy foit adminiftrée briefue iuftice & fommiere, felon qu'eft & fera dict cy apres.

LXXXVIII.

Auons aufsi authorifé & authorifons tous nofdicts Officiers, quels qu'ilz foyent, de par femblable preuentió faire lefdictes calenges & pourfuites en tous lieux, tant en leur diftrict que d'aultres, ordonnant aux iuges & gens

de

de loy où cela aduiendra, d'adminiſtrer pareillément briè-
ue iuſtice,& faire executer leurs ſentences, comme ſi la ca-
lége & pourſuite auroit eſté faicte par les officiers du lieu,
non obſtant toutes appellations & oppoſitions , & ſans
preiudice d'icelles,& de toutes couſtumes & priuileges au
contraire.   LX X X I X.

Plus , affin de mieulx paruenir à la cognoiſſance des
abus & exces qui ſe commectent & pourront commectre
contre ceſte noſtre ordonnance, auons authoriſé tous leſdicts officiers de conſtraindre tous ceulx qu'ilz ſcauront
auoir receu quelque argent pour vente de leurs manufactures, marchandiſes & denrées, de declairer par ſerment
quel argent ilz auront receu, & à quel pris, en les deſchar-
geant au preallable, comme les deſchargeons par ceſte, de
toutes paines & amendes par eulx encourues pour ladicte
recepte qu'ilz pourroyent auoir faict deſdicts deniers, ſi
auant que promptement ilz declairent la verité, & qu'ilz
nommét les perſonnes de qui ilz aurót reçeu ledict argent.
    X C.

Auons ſemblablement authoriſé & authoriſons tous
officiers de ſaiſir & ouurir les pacquetz, coffres, valiſes, &
letres des meſſagiers qu'ilz ſcauront, ou par quelq; apparence preſumerót, porter argent,& ce en preſence de ceulx
aux quelz leſdicts pacquets, coffres, valiſes, & letres s'ad-
dreſſeront,s'ilz ſont au meſme lieu, & de quelqu'un du
Magiſtrat du lieu:& ce affin de ſcauoir le nom de celuy qui
enuoye ledict argent , & le pris auquel il l'eualiíe,& non à
aultre effect.   X C I.

Et pour encourager tous noſdicts officiers à faire dili-
gente recherche & pourſuite des contreuenantz à ceſte

no-

noftre prefente ordonnance , & affin qu'ilz puiffent eftre
fecouruz de denonciateurs,pour amener ce que fera faict à
leur cognoiffance;voulons & ordonnons, que de toutes les
fufdictes confifcations, fourfaictures & amendes vng tiers
fera applicqué à noftre proufict,l'aultre tiers à l'officier ou
aultre par nous authorifé,comme dict eft,qui fera la calenge,& pourfuiura l'execution,& le tiers reftant au proufict
du denonciateur, fans preiudice à ce qu'en aulcuns cas particuliers fe trouue par ce Placart eftre efpecialement attri-
bué de plus audict denonciateur.

X C I I.

Declairant,qu'encoires qu'aulcuns des delincquans auroyent obtenu grace de nous ou de noftre Confeil , nous
n'entendons,& ne voulons que par ce ilz foyent defchargez
des parts defdictes fourfaictures & amendes par nous accordées auxdicts Officiers calengeurs & denonciateurs refpectiuement,ains aura telle grace feulement lieu pour ce
que nous appertient.

X C I I I.

Auffi, affin que lefdicts denonciateurs foyent plus
prompts à offrir leur feruice,nous voulons que leurs noms
foyent tenuz fecretz,fi auant que la matiere & caufe le
pourra permectre,& que la part competant au denonciateur, fera receue par l'officier,pour par fes mains luy en faire
le payement.

X C I V.

Semblablement,pour la meilleure obferuation & execution de ceftuy noftre Placart, voulons & ordonnons
bien expreffement, que tous Confeils, Officiers, Loix &
Magiftrats indifferemment & par preuention pourront re-
F

spectiuement faire la correctiõ & punition des contrauen-
teurs à ceste nostre ordonnance soubz leur ressort & iurisi-
diction, nonobstant tous priuileges que l'on voudroit al-
leguer au contraire.

XCV.

Et comme nous sommes aussi aduertiz qu'en aulcuns
lieux les procés intentez pour contrauention aux Placartz
des monnoyes s'instruisent par demande, responce, replic-
que, duplicque, enquestes, reproches, & saluations, comme
en matiere ciuile & ordinaire, ce que cause grands frais à
nos officiers, & retardement à la iustice, mesmes empesche
bien souuent que la verité ne soit recogneue; Nous auons
defendu, & defendons pour l'aduenir, telles sortes de pro-
cedures, & voulons que, quand quelqu'vn sera deferé d'a-
uoir contreuenu à ce dict Placcart, il debura comparoir
en personne, & sans assistence de Conseil respondre sur les
faictz que luy seront proposez.

XCVI.

Et en cas qu'il confesse la contrauention, qu'il soit incontinent condemné aux paines & amendes ordonnées
par ces presentes.

XCVII.

Mais s'il denie le faict à luy imposé, Nous voulons que
les tesmoings, qui en pourroyent auoir cognoissance, soyent secretement ouys, & si besoing est, recollez & confron-
tez, gardant en ce la forme de proceder, dont l'on est accoustumé d'vser en matieres crimineles intentées criminelement, sommierement, & à delays briefz & peremptoirs, &
seront ces procés despechez & vuidez en preference d'aultres: le tout à paine de correction arbitraire.

XCVIII.

XCVIII.

Entendant que ceulx qui auront receu l'argent contre la prohibition de nos Placcartz, & aultres ayants participé au mesfaict, soyent admis à rendre tesmoignage, or mesmes qu'ils eussent esté denonciateurs: le tout pour descouurir plus facilement lesdicts exces, qui se commectent ordinairement en secret: & que lesdicts tesmoings & denóciateurs soyent excusez des paines & amendes par eux encourues en tel subiect.

XCIX.

Mesmes, que chascun desdicts tesmoings sera creu à son serment, pourueu que la somme, pour laquelle y aura poursuite, n'excede cincquante florins vne fois.

C.

Comme aussi sera creu le denonciateur qui auroit receu semblable somme en argent contre nostre ordonnance, le venant denoncer en dedens les vingt & quatre heures apres la reception.

CI.

N'est qu'il y auroit quelque circonstance notable affoiblissant la foy desdicts denonciateur & aultres tesmoings singuliers.

CII.

Et si oultre le serment dudict denonciateur ou desdicts tesmoings singuliers, l'on peult prouuer par deux ou trois aultres tesmoings non suspects ny reprochables, parlans de diuers actes, que la mesme personne auroit encores au parauant excedé au faict de monnoye, icelle sera punie par la confiscation & fourfaicture des deniers dernierement cóptez, presentez ou receuz, & denoncez, & au quadruple de la valeur, encoires qu'elle exceda la somme de cincquante florins: & pour les contrauentions precedentes en quelque

                amende

amende pecuniaire,à l'arbitrage du iuge.
CIII.
Au cas qu'il n'y euſt denonciateur,ou ſi la denonciation
n'eſt faicte endedens les vingt & quatre heures de la reception;neantmoins quelqu'vn eſtant conuaincu par le dire
de trois aultres teſmoings ou d'aduantage non reprochables,parlans d'actes diuers & ſinguliers exces au faict deſdictes monnoyes;voulons que l'accuſé ſoit condemné en
quelque amende pecuniaire, à l'arbitrage du iuge,prennât
eſgard à la circonſtance du faict & ſingularité deſdicts teſ-
moignages.
CIV.
Voulons auſſi & ordonnons,que toutes ſentences &
appoinctemens renduz pour contrauention à noſdicts
Placartz ſoyent executez, nonobſtant oppoſition ou appellation quelconque,& ſans preiudice d'icelles.
CV
Et ſi auant que les delincquás n'ayent moyens ſuffiſans
pour ſatisfaire les amendes pecuniaires, eſquelles ilz ſeront
condemnez, qu'icelles ſoyent conuerties en punition cor-
porelle,ſelon l'exigence du cas
CVI.
Ordonnans bien ſerieuſement à tous nos Fiſcaux &
Officiers,de prendre leurs concluſions,& à tous nos Con-
ſaux,Magiſtrats & aultres iuges de rendre leurs ſentences,
en conformité de ceſtuy noſtre Placart, ſans vſer de mo-
deration des paines & amendes y contenues, ſoubz quelque pretexte que ce ſoit,ny de compenſation des deſpens,
au preiudice de l'Officier fôdé au principal: à paine de noſtre indignation,& d'en reſpondre en leur propre & priué
nom,ſans qu'ilz ſe pourront excuſer par ignoráce ou tranſ-
greſſion

greſſion generalle: leſquelles excuſes n'entendons leur pou-
voir valoir en aulcune maniere: ains eſt noſtre intention
qu'ilz ſoyent puniz de leur negligence & diſſimulation.

CVII.

Et ſi aulcunes difficultez ſe rencontroyent au faict des
proces, pour l'eſclairciſſement deſquelles l'interpretation
& declaration de noſtre intention fut requiſe ; Nous voulons que ce ſoit repreſenté à ceulx de noſtre Conſeil Priué,
pour y donner l'interpretation & reglement que ſera trou-
vé conuenir.

CVIII.

Entendans que tous nos Fiſcaux & Officiers ſeront
tenuz d'incontinent, ou du moins endedens le ſecond
iour apres que le delict ſera venu à leur cognoiſſance, mectre en iuſtice les tranſgreſſeurs, & faire la pourſuite requiſe,
ſans vſer de diſſimulatió, moins compoſer ou tranſiger en
aulcune maniere auecq les tranſgreſſeurs, encores qu'aulcuns deſdicts Officiers euſſent prins à ferme les amendes
& fourfaictures: à paine de correction arbitraire, de priua-
tion de leurs offices, & d'eſtre declairez inhabils d'en exercer ſemblables, audict cas de compoſition, ou de trop
grande & affectée negligence ou conniuence.

CIX.

Et arriuant que leſdicts Officiers fuſſent tellement né-
gligents, qu'es marchez, boucheries & aultres places
publicques l'on contreuint publicquement à ceſte noſtre
ordonnance, ſans punition condigne; Nous voulons que
telz Officiers ſeront ſuſpenduz de leurs offices, & aultres
commis en leur lieu: ordonnans à nos Fiſcaux de contre
eulx inſtituer leurs pourſuites, auſſi toſt que ledict deſordre publicq, & le mácquement deſdicts Officiers ſera venu
à leur cognoiſſance.

CX.

CX.

Et pour ce que la caufe de la longueur des procès , &
confecutiuement la non obferuance de nos Placartz pro-
vient fouuent de la faulte defdicts officiers & des Magiftrats, reiectans l'vn fur l'aultre la coulpe ; affin que l'on
puiffe recognoiftre quel debuoir & diligéce aura efté faicte,ou quel aura efté le mancquement & negligence, Nous
ordonnons que lefdicts officiers & Magiftrats feront
tenuz de refpectiuement faire faire vn regiftre feparé par
leur Greffier,contenant le iour des pourfuites intentées
noms & qualitez des accufez,procedures,fentence & con-
demnations,qui auront efté contre eulx données pour
contrauention de monnoye,foubz paine arbitraire.

CXI.

Si ordonnons auxdicts officiers & Magiftrats des bonnes villes de nofdicts pays & chaftellaines,qu'endedens vn
mois apres la publication de ceftuy noftre Placcart ,ilz &
chafcun d'eulx ayent à aduertir nos Confeilz prouinciaux,
& fieges Royaulx,foubz lefquels ilz refortiffent, fi noftre
dict Placart y eft obferué, & des debuoirs qu'ilz auront
faict en ce regard,continuāt en apres de trois mois en trois
mois de faire pareil aduertiffementà; paine, s'ilz eftoyent
defaillans,de cent flor.d'amende pour chafcune obmiffió,
& que nos Fifcaux s'en informerōt à leur defpens,pour en
apres les pourfuiure & faire condemner à ladicte amende,
de quoy enchargeons nofdicts Fifcaux.

CXII.

Ordonnons femblablement auxdicts Fifcaux & fieges
Royaux,de faire tenir pareil regiftre des pourfuites & con-
demnations aduenues en nofdicts Confeilz & fieges Royaulx.

CXIII.

CXIII.

Finablement, pour obuier à ce que noz subiects ne
soyent trauaillez de menue monnoye d'argent & de cuiure, voulons & ordonnons, que personne ne sera tenu de
recepuoir en payement plus que dix par cent en especes
d'argent moindres de trois patars.

CXIV.

Et au regard de la monnoye de cuiure, n'entendons
que personne sera tenu d'en recepuoir plus de dix patars
à la fois.

CXV.

Si voulons que de ladicte menue monnoye n'en sera
forgé en nosdictes monnoyes, que par nostre ordonnance expresse, en telle quantité que sera necessaire pour la
commodité de noz subiects.

CXVI.

Et affin que personne ne pretende cause d'ignorance,
Nous voulons que ceste nostre ordónance soit imprimée,
tant en langue Françoise que Thioise, auec les figures dés
especes cy dessus declairées, & qu'elle soit publiée par tous
les lieux de nostre obeissance en vng mesme iour. Si donnons en mandement à noz treschers & feaulx les Chief-
presidens & gens de noz Priué & Grand Conseilz, Chan-
celier & gens de nostre Conseil de Brabant : Gouuerneur
de Lembourg, Faulquemont, Daelhem , & aultres noz
pays d'Oultremœuze : Gouuerneur, President & gens de
nostre Conseil de Luxembourg : Gouuerneur, Chance-
lier & gens de nostre Conseil de Gueldres : President &
gens de nostre Conseil de Flandres : Gouuerneur, President & gens de nostre Conseil d'Arthois : Grand bailly
d'Hay-

d'Haynau, & gens de noſtre Conſeil ordinaire à Mons:
Gouuerneur, Preſident & gens de noſtre Conſeil à Namur: Gouuerneur de Lille, Douay & Orchies: Bailly de
Tournay & du Tourneſiz: Preuoſt le Comte à Valenciennes: Eſcoutette de Malines, & à tous aultres noz Iu-
ſticiers & Officiers, & ceulx de noz vaſſaulx, qui ce regar-
dera, leurs Lieutenans, & chaſcun d'eulx endroict ſoy, &
ſi comme à luy appertiendra; que ceſte noſtre ordonnance ilz publient incontinent, & facent publier, par tout
es lieux & limites de leurs iuriſdictions reſpectiuement,
où l'on eſt accouſtumé faire criz & publications : & au
ſurplus la gardent, obſeruent & entretiennent, facent
garder, obſeruer & entretenir, en tous ſes poincts & articles ſelon ſa forme & teneur : en procedant & faiſant proceder contre les tranſgreſſeurs & deſobeiſſans par l'execution des paines & amendes y appoſées, ſans port, faueur
ou diſſimulation. Car ainſi nous plaiſt il. En teſmoing
de ce nous auons faict mectre noſtre ſeel à ces preſentes.
Donné en noſtre ville de Bruxelles, le 18. iour de Mars,
l'an de grace 1633. & de noz Regnes, le douzieſme.
Paraphé Ro. Vᶜ. Du coſté eſtoit eſcript : *Par le Roy en ſon
Conſeil*, ſigné VERREYKEN. Et eſtoit ſeellé du grand ſeel de
ſa Majeſté en cire vermeille, pendant ſur double queüe de
parchemin.

F I N I S.

Eualuation des Especes d'Or.

Le double Souuerain d'or, tant à noz coings & armes, que des Serenis.
Archiducqz noz predecesseurs, du poids de sept estrelins & huict
grains, à douze florins.   xij. florins.

Le Lyon, ou single Souuerain d'or à nosdicts coings & armes, du poids
de trois estrelins & vingt grains, à six florins.   vj. flor.

A

Le single Souuerain defdicts Archiducqz, du poids de trois eſtrelins,
vnze grains & trois quart. à ſix florins.   vj.flor.

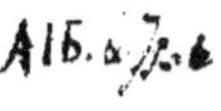

Le double tiers dudict Souuerain, de deux eſtrelins huict grains & vn
quart, à quatre florins.   iiij.flor.

Le demy Souuerain defdicts Archiducqz, d'vng eſtr. 22 gr. trois florins.   iij.flor.

Les Eſcuz nouueaux à noz coings & armes, & defdicts Archiducqz;
de deux eſtrelins ſept grains & demy ,   à trois florins douze pat-
ſars.   iij flór.xij.pat.

Les doubles ducats defdicts Archiducqz, & ceux d'Efpaigne, n'eftants
contrefaicts, du poids de quatre eftrelins dixhuict grains & vng
quart, à huict florins deux pattars.　　　　　　viij. flor. ij. pat.

A 2

Les singles de poids & prix aladuenant, à quatre florins j. pattars.

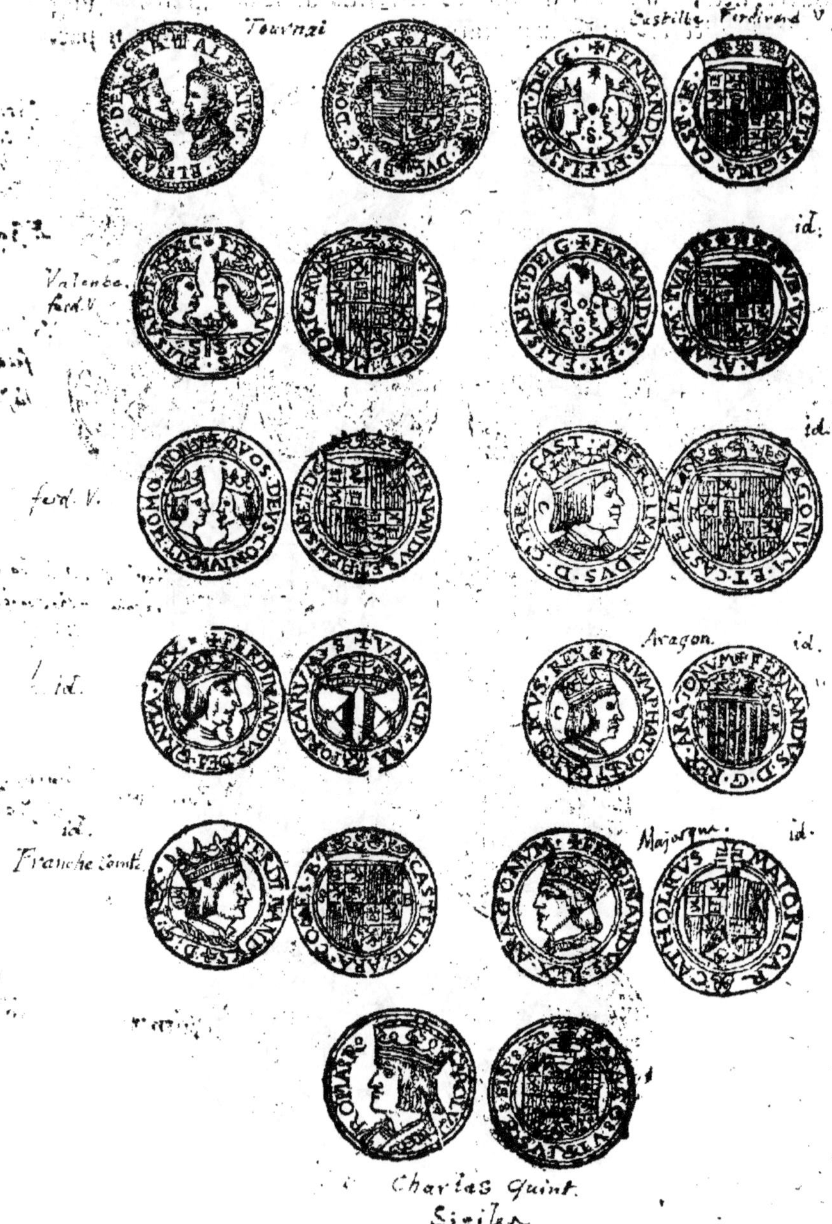

Les singles de poids & prix aladuenant, à quatre florins j. pattars.

Quadruple Ducat d'Espaigne de poids à l'aduenãt, à xvj. flor. iiij. pat.

Les doubles Albertins defdicts Archiducqz, du poids de trois eftrelins vnze grains & trois quart, à   v. flor. viij. pat.

Les fingles, d'vn eftrelin vingteneuf grains, à   ij flor. xiiij. pat.

Les Reaux d'or depardecha, de trois eftrelins quinze grains & vn
quart, à   vj. flor. ij. pat.

A 3

Les demy Reaux d'or, de deux eſtrelins & neuf grains, à trois florins
vng pattar.   iij. flor. j. pat.

Le florin Carolus de pardecha d: vng eſtrelin & vingteneuf grains, à
deux florins.   ij. flor.

Les vieux Eſcuz d'or de pardeçha, enſemble les Eſcuz de France, du
poids de deux eſtrel. ſept grains tresbuchant, à   iij. flor. xiiij. pat.
Les demyz a l'aduenant.

Eſcuz de France, à iij. florins.   xiiij. pat.

Escuz de France, à iiij. florins xiiij. pat.

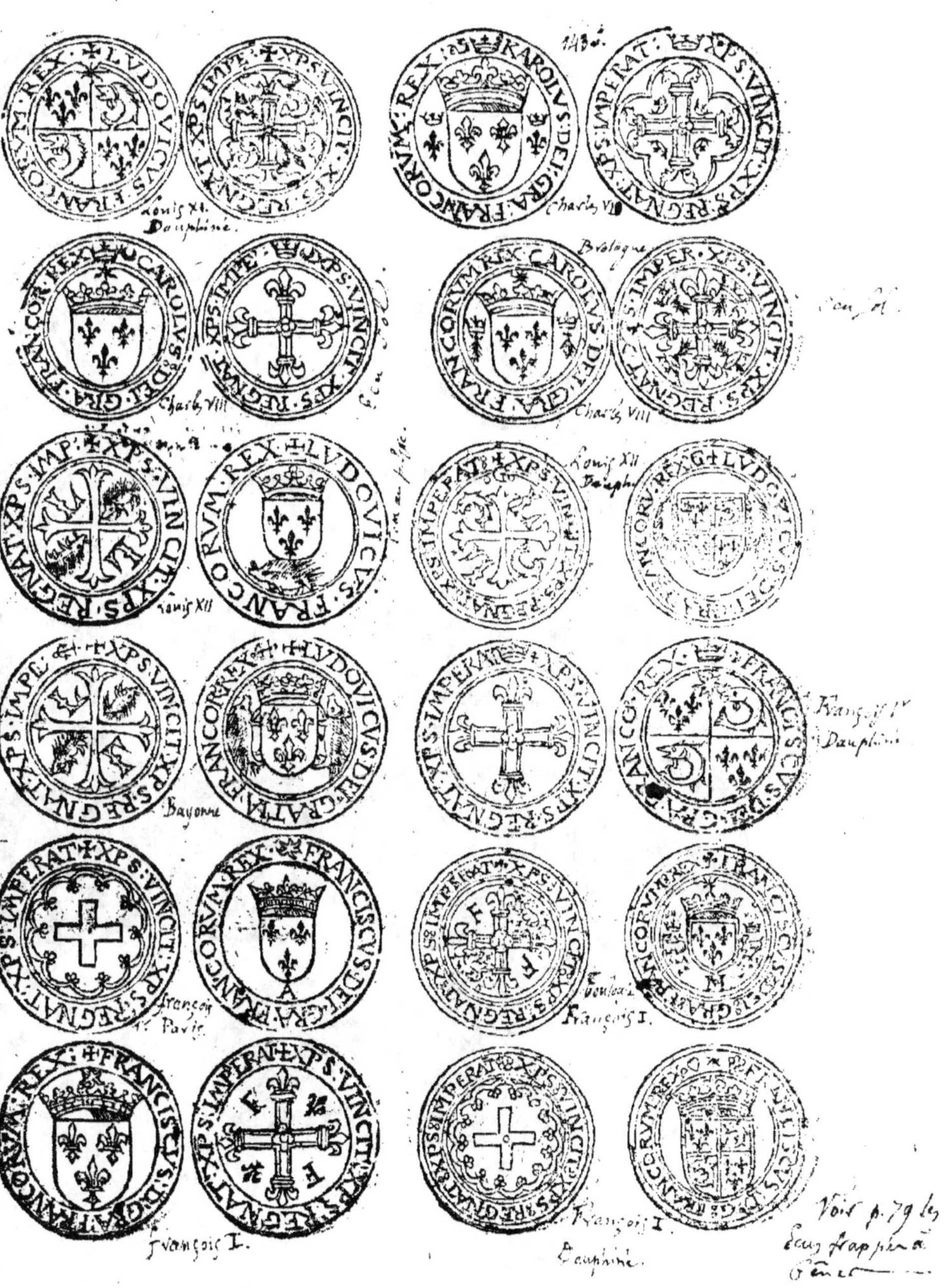

Le florin S. Andre de deux eftrelins quatre grains & demy, à deux florins dixhuict pattars,

ij. flor. xviij.pa

Les demys Florins de S. Andrè de poids & prix a laduenāt.

Le Florin Philippes d'or de deux eſtrelins & cincq grains, à deux florins ixz. patrars.

ij. flor. ixz. pat

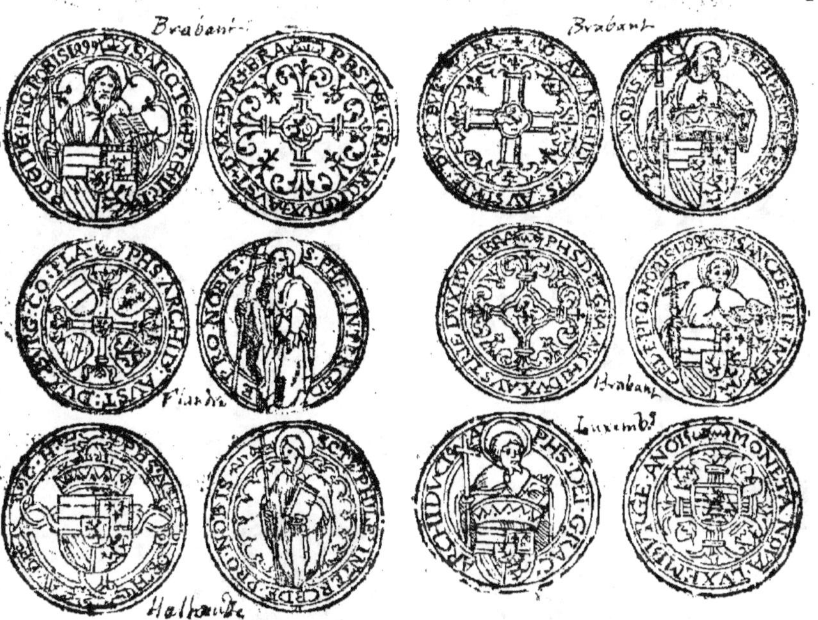

Le demy de poids & prix a l'aduenant.

B

Les Thoisons d'or de pardeça de deux estrelins trente grains, à cinq
florins vn pattar & demy,   v. flor. jz. pat.

Le Rydre de Bourgonnie, de
deux estrelins neuf grains,
à trois florins dixneuf pat.

Le vieu Lyon d'or de pardeça,
de deux estrelins xxij. grains,
&trois quarts, à iiij. flor. x. pat.

Les vieuz Nobles de Flandre, du poids de quatre estrelins, quatorze
grains & vn quart, à.   vij. florins. vijz. pat.

Le demy & quart de poids & prix à l'advenant.

Le Schutquin de pardeça, du poids de deux estelins six grains à
trois florins douze pattars & demy,   iij. flor. xij. pat.

Le grand Real d'Austrice, forgé pardeça du poids de neuf estrelins
vingtedeux grains & vn quart, à   xvj flor. xvj. pat.

Le demy & quart de poids & prix à l'advenant.

B 2

Les doubles & quadruples de poids & prix à l'advenant.

Quadruple d'Eſpagne.

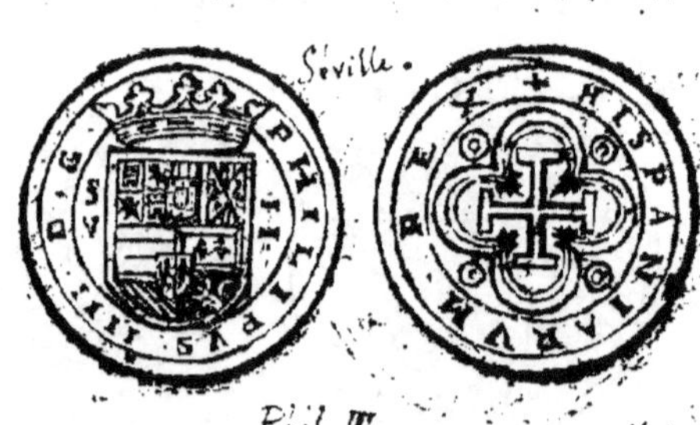

Les Millerez de Portugal du poids de cincq eſtrelins , à huict florins
& quatre pattars.

viij. flor. iiij. pat.

Jean III
1521-57

Les demy de poids & prix à l'advenant.

ij

Sebastian
1557-78

Les doubles cincquieſmes deſdicts Millerez appellez petitz Croiſſartz
de Portugal, du poids de deux eſtrelins, à

iij. flor. iiij. pat.

Philippe I. II d'Espagne
1580-98.

Philippe II d'Esp.

Les Escuz de Portugal à la courte croix, de deux estrelins neuf grains
tresbuchant, à   iij. flor. xiiij z. pat.

Jean III.

Les Escuz de Portugal à la longue croix de mesme poids, à trois florins treize pattars.   iij. flor. xiij. pat.

Jean III.

Les Nobles à la Rose d'Engleterre, du poids de cincq estrel. à huict
florins seize pattars.   viij flor. xvj. pat,

Les demye & quarts, de poids & prix à l'advenant.

Les Nobles d'Henry d'Angleterre, de quatre estrelins quatorze grains
tresbuchant, à sept florins seize pattars.   vij. flor. xvj. pat.

Le demy & quart de poids & prix à l'advenant.

Les Angelotz d'Angleterre, de trois estrelins dix grains & deux tiers,
à cincq florins dixsept pattars.   v. flor. xvij. pat.

Le demy & quart, de poids & prix à l'advenant.

L'Angelot d'Angleterre auecq vng O sur la naif, du mesme poids, à cincq florins douze pattars.   v. flor. xij. pat.

Les vieux Iacobus d'Angleterre, du poids de six estrolins & demy, à dix florins douze pattars.   x. flor. xij. pat.

C

Les demys & quarts de poids & prix à l'aduenant.

Jacques Stuart I

Les Ducats d'Hongrie, Boheme, Pologne, & aultres, forgés en Allemagne au pied de l'Empire, du poids de deux estrelins neuf grains tresbuchant, à quatre florins.　　　　iiij. flor.

Du Roy Vladiflaus V

Du Roy Sigifmund, 1387-1438

Nagybiana.

NAGYBIANA.
Wladiflas V,
1490 - 1516.

Ladiflas IV le posthume,
1440-58.
KREMNITZ.

Wladiflas V.

Wladiflas V.
NAGYBIANA.

Du Roy Mathias, 1458-90

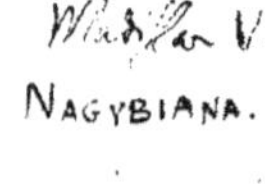

Nagybiana.
Mathias Corvin,
1458-90.

Les Ducats d'Hongrie &c. a iiij. flor.

Du Roy Ludouicus.

Du Roy Ian Premier.

Du Roy Ferdinand, I. 1527-63.

Du Roy Ian Second.

Du Roy Ian Premier, de Zapolski, &c. De l'Empreur Maximilien 2, 1563-64 à 1576.

C 2

Les Ducats d'Hongarie, à quatre florins.

Suite De l'Empereur Maximilien 2.

ducats de Transiluanie.

De l'Empereur Rodolfe, 1572-76 à 1612.

De l'Empereur Mathias, 1612 à 1618-19.

Ducats de Boheme.

Les Ducats d'Hongerie &c. à ilij, flor.

Ducats de Boheme. *(Prague)*   **Ducats de Preflau.**

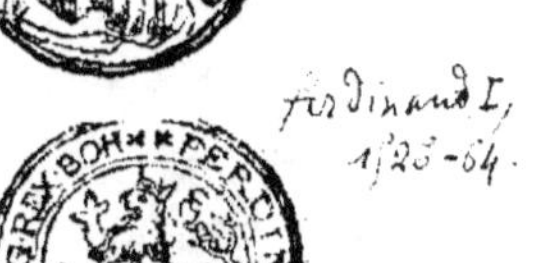

Ducats de Carinte.

Ducats de Preflau.

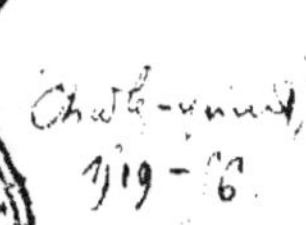

(CARINTHIE Du Prince Ferdinand, *depuis Aug.ᵗ (1556-64)* · del' Archiducq Charles.

del' Archiducq Ferdinand.

de l ordre Teutonique.

Ducat d'Aufborch

Ducat de Slefuicq.

Les Ducats d'Hongerie, &c. à iiij. flor.

Ducats de Salfbourg.

Ducat de Hamburch.

Ducats de Reichfterin.

Ducats de Pologne.

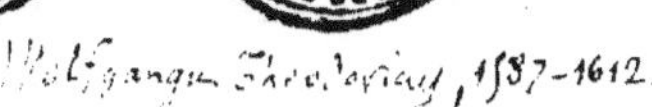

Les Ducats d'Hongerie &c, à   iiij. Flor.
Suite des Ducats de Pologne.

Ducat de Prusse.

Les doubles de poids & prix à ladvenant.
Doubles Ducats de l'Emp. Ferd. II.   Doubles Ducats de Salsburg.

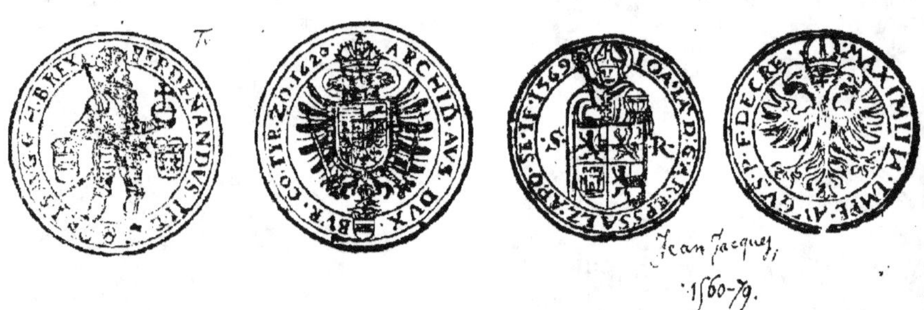

Ferdinand II,
1619-37.

Doubles Ducats d'Hongerie &c. à　　viij. flor.
Doubles Ducats de Saltburg.

Ducats d'Italie, pefants ij. eftrelins viij. as, a trois florins, dixhuict pattars & demy.　　　　　　　　　　iij.flor.xviijz.pac.

Ducats de Rome.　　　　　　　### Ducats de Rome.

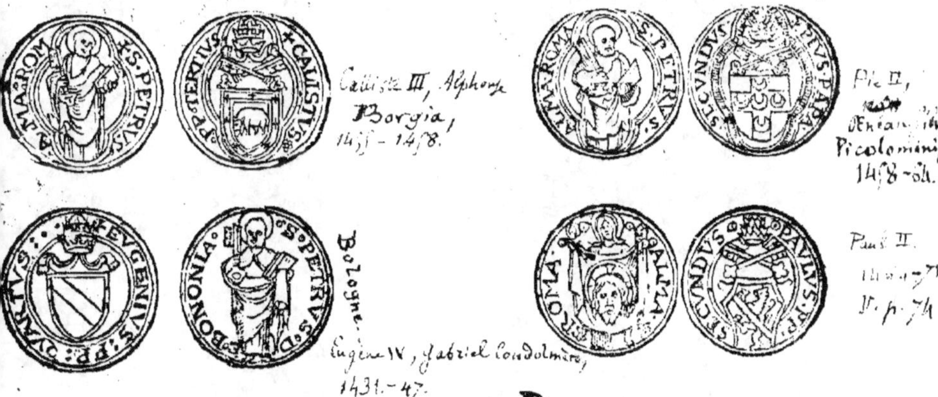

D

Ducats d'Italie, a trois florins dixhuict pattars & demy.

De Rome.
Ducat de Bologne.

ducat d'Ancon.

de Rome.

ducats de Placense.

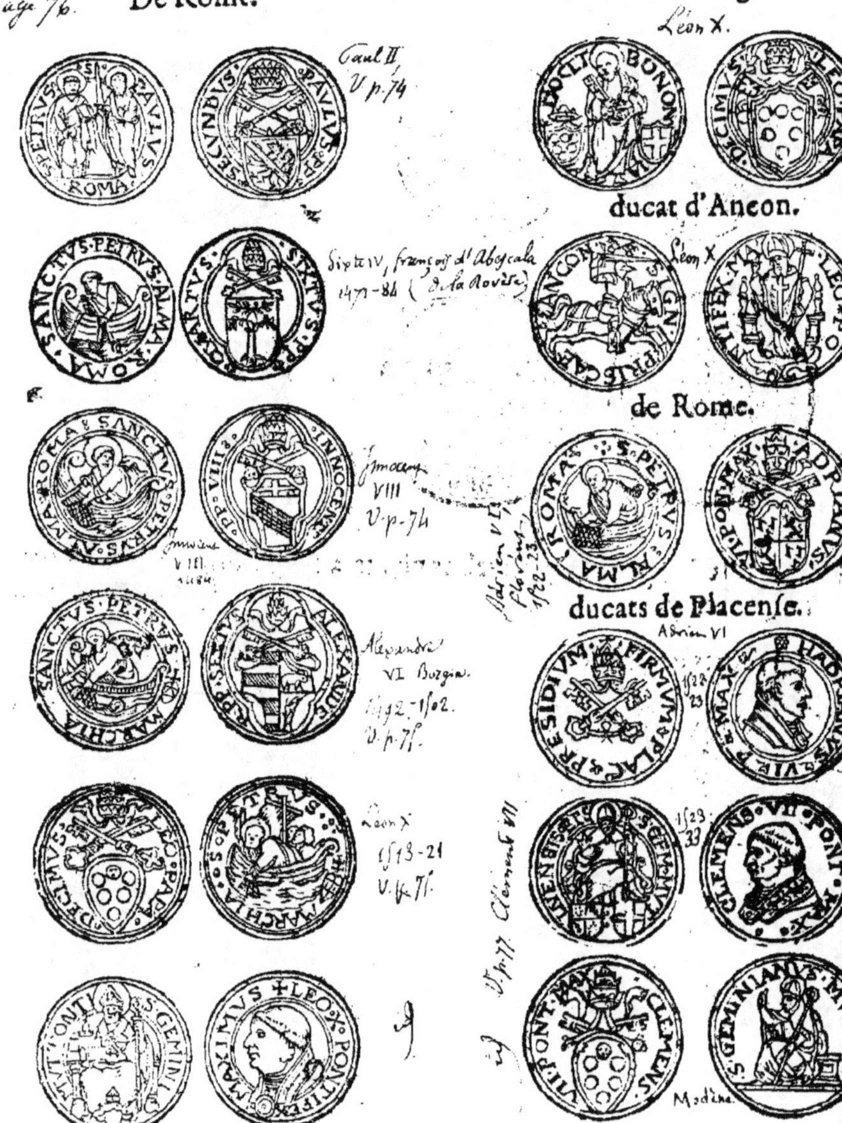

Ducats d'Italie, à trois florins dixhuict pattars & demy.

V. p. 78. de Placense.   ducats de Milan. *V. p. 76.*

Clement VII   *Philippe Marie Visconti, 1412-47.*

d'Ancon.   *Françoi Sforce, 1447-66, (Duc en 1450).*

Charles Quint.

de Camerin.   *V. p. 80.*

de Venise.   *V. p. 79.*

Léonard Lauridano, 1501-21.

de Rome.   *1550*   *Paul III. V. p. 78.*

de Gennes.   *V. page 79.*

de Bologne.

de Milan.

Galleas Marie Sforce, 1466-76.

D 2

Ducats d'Italie, à trois florins dixhuict pattars & demy.

de Ferrare. *V. p. 76 & 80.*

de Lucques.

Hercule I.

Hercule II.

Hercule I.

de Florence.

V. p. 76.

de Verone.

Doubles ducats d'Italie, de poids & prix à l'aduenant, à vij. flor. xvij. p.

de Rome.

Paul II,
Pierre Barbo
1464 - 71

V. pag. 77.

Innocent VIII,
Jean Baptiste Cybo Malaspina,
1484 - 92.

Doubles ducats d'Italie, a   vij. flor. xvij. pat.
Doubles ducats de Rome.

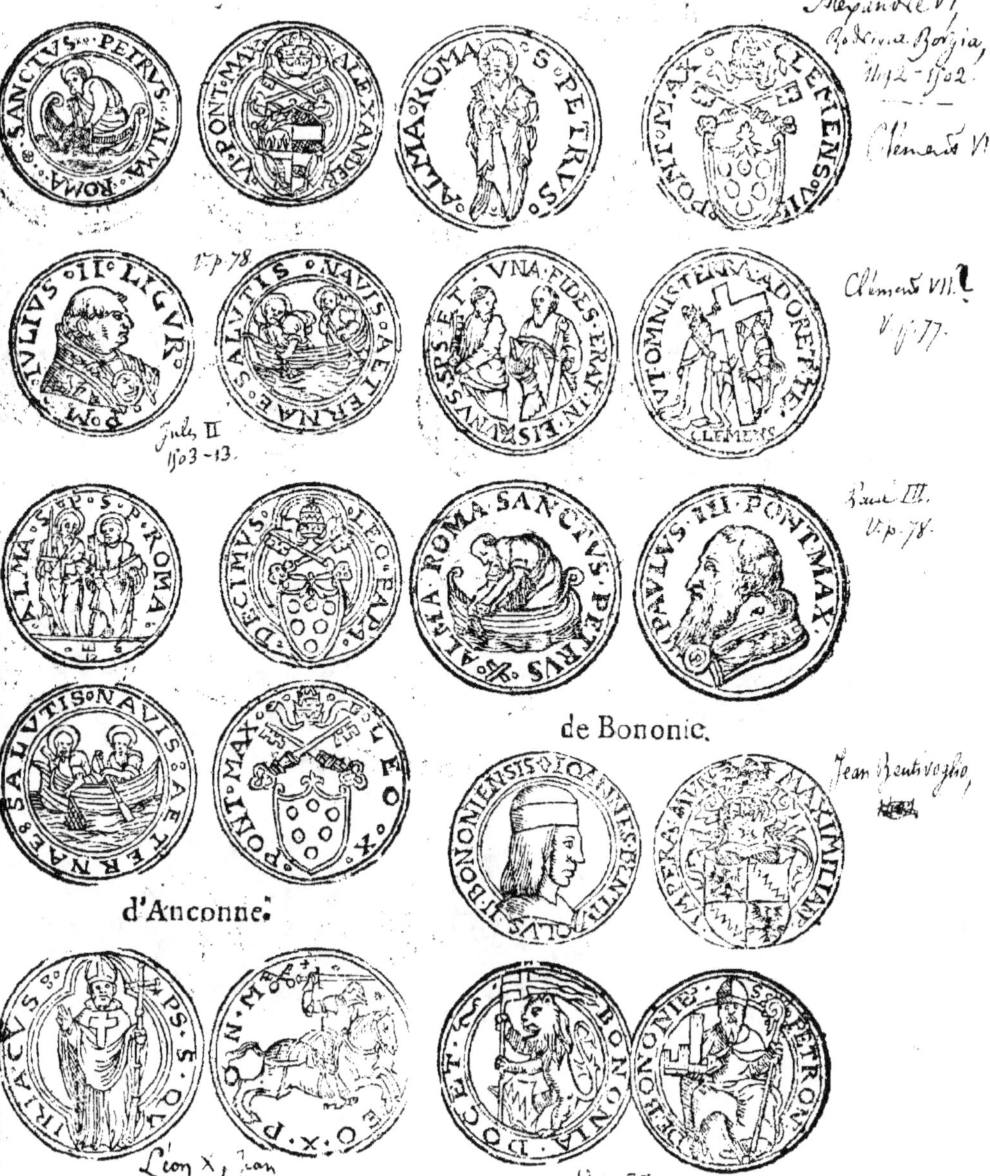

de Bononie.

d'Anconne.

Doubles ducats d'Italie, a   vij. flor. xvij. pat.
de Milan. *V. p. 78.*   de Ferrare. *V. p. 80.*

ducat de Florence.

Elcuz ou piſtolets d'Italie, peſants deux eſtrelins, & ſept as,
(*tiſte 21 k 3/4*) à iij. flor. x. pat.

Piſtoletz de Rome.

de Bologne.

Paul III.

Pistolets d'Italie, a   trois florins dix pattars.
de Parma.   de Sicilie.

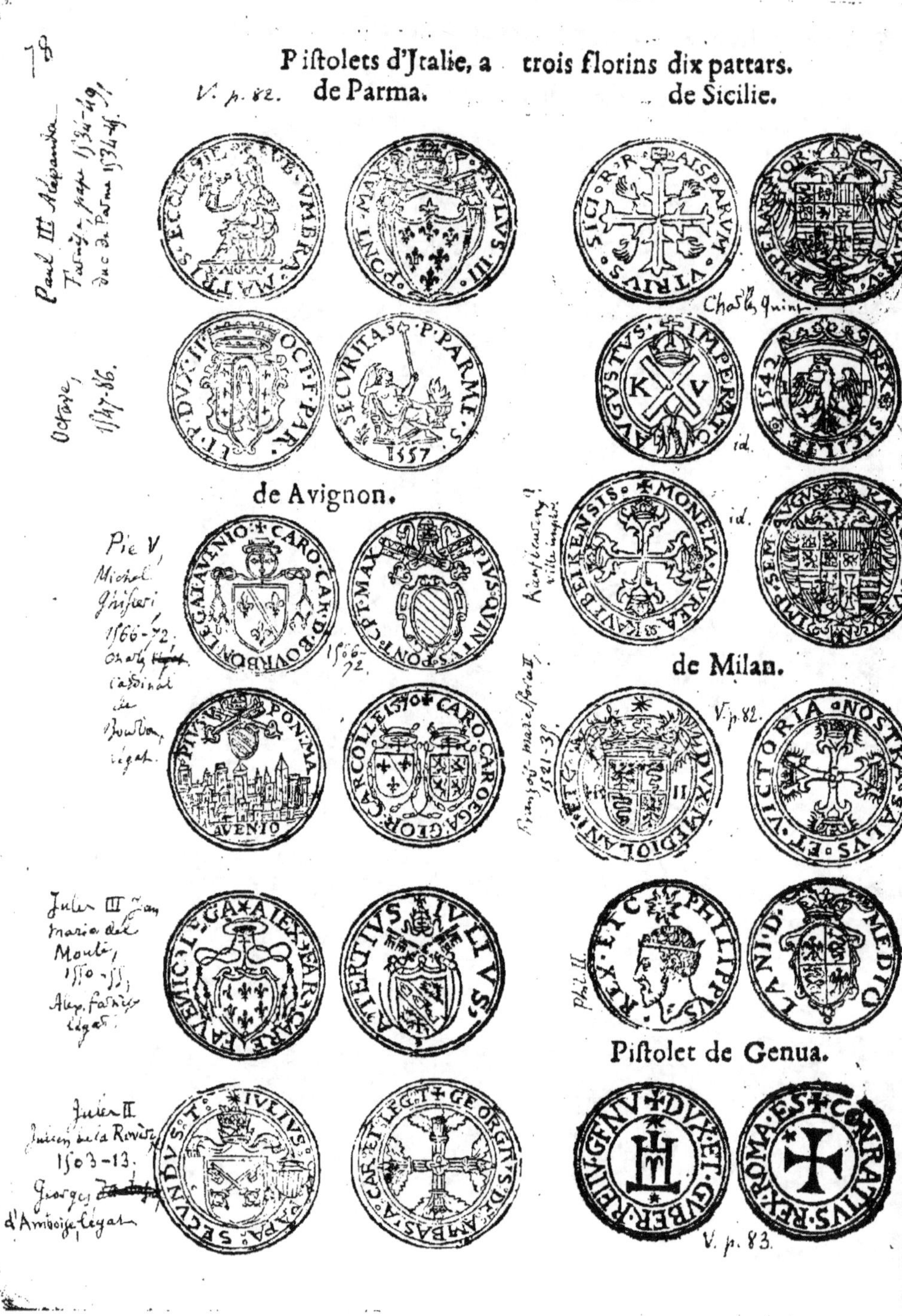

V. p. 82.

V. p. 83.

Piſtolets d'Jtalie, à   iij flor. x. pat.
Piſtolets de Genua,   Piſtolets de Luca.

de Florence.

de Veniſe.

de Siene.

E

V. page 83.

Piſtolets d'Jtalie, à   iij. flor. x. par.

de Siene.   de Ferrare.

de Camerin.

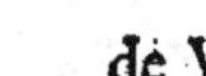

de Ferrare.   de Vrbino.

Pistolets d'Italie, a iij. flor. x. pattars.

de Vrbino.　　　　　　de Lombardie.

de Mantua.　　　　　　de Savoye.

de Lombardie.

E 2

Les doubles & quadruples de poids & prix à l'advenant.

Quadrup'e de Rome.   Quadruples de Milan. *V. p. 78.*

doubles de Milan,

Quadruple de Parme & Plaisance.

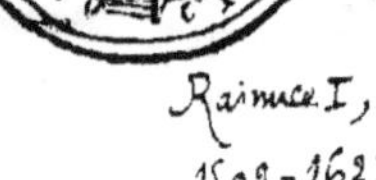

Doubles & quadruples Pistolets d'Italie.

Doubles de Florence.

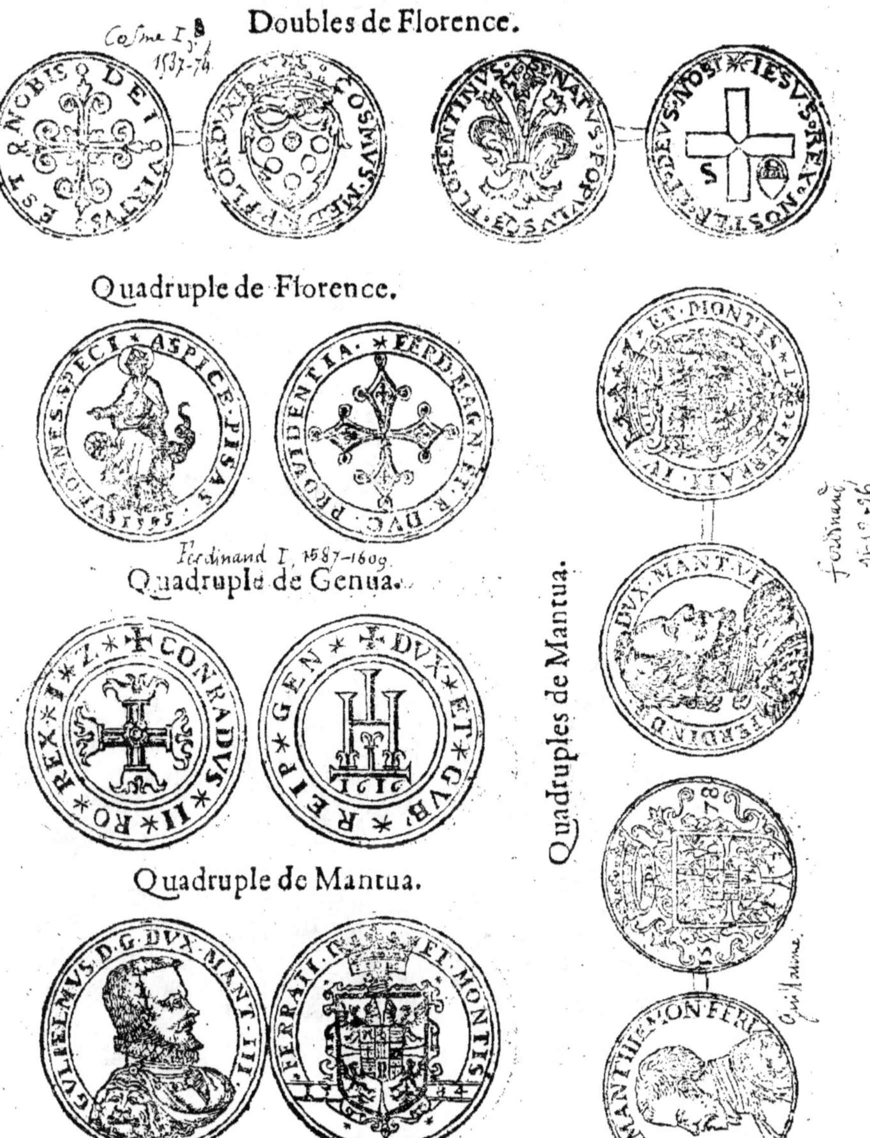

Quadruple de Florence.

Quadruple de Genua.

Quadruple de Mantua.

Quadruples de Mantua.

Doubles & quadruples Piftolets d'Jtalie.

Quadruples du Prince de Maffe.

doubles Piftolets de Savoye.

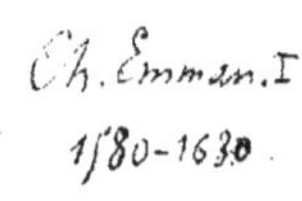

Doubles & quadruples Piſtolets d'Italie.

Quadruple de Savoye

Double piſtolet de Beſançon.   Quadruple de Beſançon,

Eſcuz de Liege Ferdinandus, du poids de deux eſtrel. ſix grains & vng
tiers, dont la figure eſt cy deſſoubs & nuls aultres, à trois florins
neuf pattars & demy.   iij. flor. ixz. pat.

Le tout aux remedes comme eſt declaré cydeuant.

Eualuation de la monnoye d'Argent.

Les nouueaux Ducatons d'argent à noz coings & armes, & defdicts Se-
reniffimes Archiducqz nos predeceffeurs, pefants vingtevng eftrelins & fix grains tref buchant, au remede de huict grains par piece,
à trois florins.   iij. flor.

Les demys Ducatons, de poids & prix à l'advenant, à   xxx. par.

Les Souuerains d'argent diɛts Patagons, pareillement à nos coings &
armes & defdiɛts Archiducqz, pefants dixhuiɛt eftrelins & douzo
grains, au remede de fix grains par piecè,   à quaranthuiɛt pattars.

Souuerain d'argent dict Patagons, à   **ij. flor. viij. pat.**

Les demyz de poids & prix à l'advenant, à   **xxiiij. pat.**

Les quarts pareillement de poids & prix à l'advénant, à   xij. pat.

Le Teſton de Bourgoigne, peſant cincq eſtrelins xiiij. grains à xij. pat.

Les Pieces de ſix pattars forgéz à noz coings & armes, & deſdiĉts Archiducqz, à ſix pattars.   vj. pat.

F 2

Anvers.
Tournai
Arras.
Franche-Comté
Brabant.
Bruxelles

Les pieces de trois pattars forgées pardeça ; aux coings & armes desdicts Archiducqz, & nulz autres, à trois pattars.   iij. pat.

Pieces de quatre pattars forgées pardeça, à   iiij. pat

Doubles pattars de pardeça, à   ij. pat.

Pattars de pardeça,   à   j. pat.

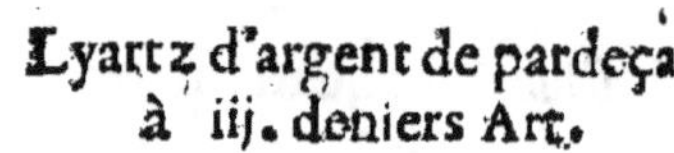

Demy pattars de pardeça,
à vj. deniers Art.

Lyartz d'argent de pardeça,
à iiij. deniers Art.

Les Philippus Daldres pesants vingt-deux estrelins; treize grains a
remede de huict grains à deux florins douze pattars. ij. flor. xij. pa

Gand.

Philippes Daldre, à   ij. flor. xij. pat.

Le demy de poids & prix à l'advenant, à   xxvj. pat.

Les doubles Florins forgez pardeça, aux coings & armes desdicts Archiducqz, pesants dix-sept estrelins xxix. grains & demy, au remede
de six grains, à quarant & vng pattars.   xlj. pat.

Le single Florin de poids & prix à l'advenant, à   xxz. pat.

Les pieces de trois Reaux desdicts Archiducqz, pesants six estrelins au remede de trois grains, à quinze pattars.   xv. pat.

Reaux d'Espaigne, de huict pesants dix-sept estrelins, vingt-cincq grains, au remede de six grains, à   xlviij. pat.

Ceulx de quatre & de deux de poids & prix à l'advenant.

Reaux d'Espaigne de huict, ij. flor. viij. pat.

Les Reaux d Mexico & de Peru, de huict du mesme poids & audict remede à xlvij. pattars.   ij. flor. vij. pat.

Real de Mexico.

Real de Peru.

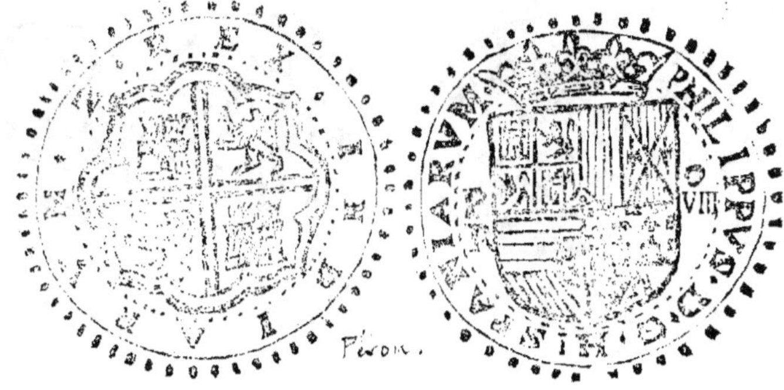

Ceux de quatre & de deux de poids & prix a l'advenant.

G

Et quand aux cincquiesmes, dixiesmes, vingtiesmes, & quarātiesmes desdicts Philippes daldres, demys florins, quarts, huictiesmes & seixiesmes d'iceulx, comme aussi les singles Reaux & demys d'Espaigne, avec les Reaux, demys & quarts desdicts Archiducqz, demeureront à leur prix accoustumé comme s'ensuyt.

Les cincquiemes desdicts Philippes Daeldres, & les demy Florins estants de belle mise, pesans pour le moings quatre estrelins, & quatre grains à dix pattars.

x. pat.

Les dixiesme desdictz Philippes daldrès, & quarts desdicts Florins pesants pour le moings deux estrelins & deux grains, à

v. pat.

Les singles Reaux desdicts Archiducqz , & ceulx d'Espaigne avec les
vielles pieces de six gros forgez pardecha, n'estans de moindre poids
que deux estrelins, à cincq pattars.   v. pat.

Les demy Reaux d'Espaigne, pesants vng estrelin, à deux pattars &
demy,   ijz. pat.

Les vingtiesme dudict Philippes daldre , huictiesmes dudict Florin,
demy Reaux desdictz Archiducqz, & les vielles pieces de trois gros
n'estans par trop vsez, à deux pattars & demy.   iiz. pat.

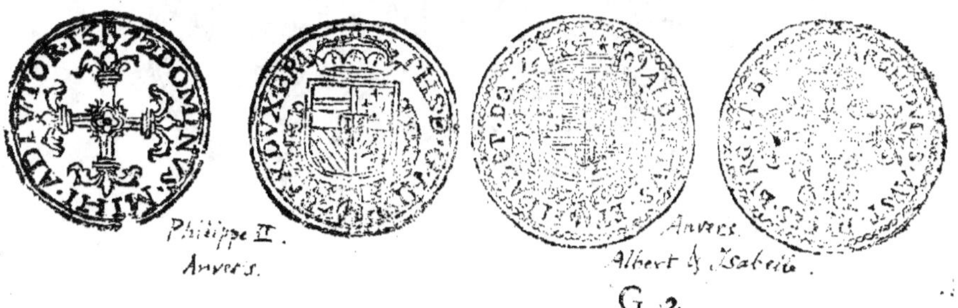

 Demy Real defdicts Archiducqz, a   iiz. pat.

Vielle piece de trois gros , forgé pardeça, à   ijz. pat.

Les quarantiefmes dudict Philippes daldre, feiziemes dudict Florin &
quartz defdict Reaulx, à cincq lyartz, ou   j. pat. iij. deniers Art.

Le Florin Carolus, pefant quatorze efttelins & trente grains, au remede de fix grains, à trent quatre pattars & demy.   xxxiiijz. pat.

Le Daeldre à la Croix de Bourgoigne, forgé par dechadoiz l'an 1567.
n'estant contrefaict, pesant dixneuf estrel. & vng grain, au remede
de vj. grains, à xlvij. pat.   ij. flor. vij. pat.

Le demy & quart de poids & prix à l'advenant.

Le Ducaton de Milan, pesant vingtevng. estrelius, au remde de huict
grains, à cinequante cinq pacturs.   ij. flor. xv. pat.

Les nouueaux Daldres de l'Electeur Ferdinand, Euesque & Prince de Liege, &c. Asçauoir ceulx dont les figures sont icy mises, & nulz aultres, pesants vnze estrelins trois grains & demy, au remede de quatre grains, à vingt-cincq pattars.

XXV. pat.

Ferd. de Bauière, 1612-50.

Monnoye de Cuyvre.

Les lyartz & gigotz forgéz pardeça, tant à noz coings & armes, que de noz predecesseurs, comme aussi les doubles & singles deniers à leur prix accoustumé, les Lyarsz, à   iij. deniers Art.

Anvers

Anvers Phil. II.

Lyart,   à iij. deniers Art.

Les gigotz, à   jz. den. Art. ou six mites Flandre.

Les doubles deniers, à   ij. den. Art. ou huict mites Flandre.

Les fingles deniers, à   j. den. Art. ou quatre mites Flaendre.

Sommaire du Priuilege.

ALBERT & ISABELLA Clara Eugenia Infante d'Efpaigne par la grace de Dieu Archiducqz d'Auftrice, Ducqz de Bourgoingne, &c. A tous ceux qui ces prefentes verront, falut. Receu auons l'humble fupplication de noftre Cher & bien aimé Ierofme Verduffen, contenante, qu'il uous auroit pleu le dernier de Iuing de l'an mil fix cent & fept, luy accorder aoz lettres patentes de Priuilege, foubfignees par le *Comte*, & au Confeil de Brabant par *Bufchere*, à la feclufion de tous aultres, A fin de pouuoir imprimer toutes les affaires concernans noz monnoyes, auec deffence & inhibition, à tous aultres Imprimeurs de ne les pouuoir contrefaire: & que non obftant icelles, aucuns Imprimeurs fe font aduancés de contrefaire lefdictes Eualuations & liures, dont fe trouuant le fuppliant fouuent contrainct de pour ce fouftenir diuers proces, (cauf́e pour eftre conuenablement remedié) s'eft aduifé de prendre fon recours vers nous. SCAVOIR FAISONS doncquesque nous les chofes fufdictes confiderees, inclinans fauorablement à la requefte & fupplication dudict Ierofme Verduffen fuppliant, luy auons octroye & confenti, octroyons & confentons, en luy donnant congé & licence de grace efpeciale par ces prefentes, qu'l puift & pourra feul, & à l'exclufion de tous aultres Imprimeurs, vendre & diftribuer par tous noz pays de pardeça rolutes noz caufes & affaires concernans noz monnoyes, fi comme eualuations, permiffions, Placcartz, tollerations, liures ou liuretz, & chartes de noz deniers d'er & d'ergent, aufsi bien eualuez que non eualuez, auec leur poids, pris & valeur. Si uous auer dict & defendu, interdifons & defendons bien expreffement, & à certes, à tous aultres Imprimeurs, uefdeurs, & libraires de quelque qualité ou condition qu'ilz foyent ou pourroyét eftre, iceux liures ou liuretz, permifsions, Placcartz, & tollerations, enfemble, tout ce que peult aufsi toucher le faict defdictes monnoyes en tout ou en partie, d'effigurer, contrefaire, ou imprimer, ou en quelque lieu eftans enfuiur, contrefaictz ou imprimer, le vendre, faire, ou laiffer vendre iceux en noz pays de pardeça, ny lefdictes Eualuations & fpecifications de nofdictes monnoyes, ayans prefentement cours, ou qu'ilz pourront auoir, foit à plus hault, ou plus bas pris, a imprimer ou inferer aux Almanacqz, ny aufsi les Almanacqz effres a certis imprimer contenans ladicte fpecification ou cours de l'argent, de faire, ou la dicte vendre iceux en nofditz pays de pardeça fans le confentemet dudict fuppliant, foit en vertu de quelque priuilege, ou confentemet particulier qu'ilz ont, ou pourroient auoir des Gouuerneurs, noz Confaulx prouinciaulx, Magiftratz ou d'aultres quelz qu'ilz foyent, à paine de confifcation & perte defdictz exemplaires, & pardeffus ce, de trois florins Carolus d'amende pour chacun exemplaire qu'ainfi fera efté imprimé ou vendu, applicable vn tiers à noftre proufit & vn tiers à l'Officier, & l'aultre tiers au proufit dudict fuppliant. Si donnons en mandement noz Trefchiers & feaulx les Chief Prefident & Gens de noz Priué & grand Confaulx Prefidens & Geas de noz Confaulx Prouinciaux à Luxemborch, Flandres, Arthois & Namur, Grand Bailly de Haynnau, & gens de noftre Confeil à Mons, Gouuerneur de Lille, Douay & Orchies, Bailly de Tournay & Tournefis, Preuoft le Côté à Valenciennes, Efcoutette de Malines & tous aultres noz Iufticiers, Officiers & fubiectz qu'il appartiendra. Que de cefte noftre prefente permifsion & accord, & de tout le contenu en ceftes, ilz facent, fouffrent, & laiffent le dict fuppliant plainement iouïr, & vfer, fans luy faire, mettre ou donner, n'y fouffrir eftre faict, mis ou donné aucun obftacle, deftourbier, ou empefchement au contraire: Car ainfi nous plaift il. En tefmoing de ce nous auons faict mettre noftre fcel à ces prefentes: donné en noftre ville de Bruffelles le deuxiefme d'Octobre l'An de grace **M. DC. X.**

Par les Archiducqz en leur Confeil.

Enghien.

LE prefent Priuilege eft renouuellé & declairé auec plus ample defence à tous aultres Libraires de ne point imprimer aucune chofe concernante la monnoye fufdicte fur peines prealleguées. Faict ainfi en Bruxelles foubz le fcel fecret de leur dictz Altezes.

Signé Le Comte.

www.ingramcontent.com/pod-product-compliance
Lightning Source LLC
LaVergne TN
LVHW011446180726
843503LV00004BA/1630